Werde UNSTERBLICH

In Gedenken an meinen Vater
Heinrich Wilhelm Kraemer

FRANK KRAEMER

Werde UNSTERBLICH

RECHTE METAPOLITIK ALS LEBENSPHILOSOPHIE

EUROPA TERRA NOSTRA
BERLIN 2018

EUROPA·TERRA·NOSTRA

© 2018 Europa Terra Nostra e.V.
Mühlenstraße 8a
14167 Berlin, Deutschland

Werde unsterblich

Alle Rechte, einschließlich derjenigen des teilweisen Abdrucks sowie der photomechanischen und elektronischen Wiedergabe, sind vorbehalten.

Gedruckt in Großbritannien

ISBN: 978-3-9818065-4-0

EUROPA TERRA NOSTRA E.V.
www.etnostra.com

Inhaltsverzeichnis

Vorwort von Dr. Tomislav Sunić...............8

Teil 1: Impulse
In eigener Sache...............14
Warum ein Buch?...............17
Wege der Unsterblichkeit...............21
Die edelste Form der Selbstverwirklichung...............25
Was uns unterscheidet...............34

Teil 2: Außendarstellung
Auf den Blickwinkel kommt es an...............42
Mein persönlicher Saitensprung...............60
Ein offener Brief an Til...............80
Musik als Trägermatrix...............87
Multikulti trifft Nationalismus...............93

Teil 3: Weltanschauung
Ideologie und Weltanschauung...............104
Was bedeutet Authentizität?...............108
Die europäischen Völker als Lebens- und Kampfgemeinschaft...............123
Keine Angst...............134

Zum Autor Frank Kraemer...............141

Vorwort von
Dr. Tomislav Sunić

Je nach der Befindlichkeit seiner Leser kann sich Frank Kraemers Buch als Fazit zu Spenglers kulturphilosophischem Werk *Der Untergang des Abendlandes* lesen. Andererseits, aus einem optimistischen Blickwinkel heraus betrachtet, kann sein Buch auch als eine programmatische Schrift dienen, woraus der Leser einen neuen Mut zur Macht schöpfen kann. Da der Autor seinen europäischen Lesern viele praktische Ratschläge bietet, besonders wie sie mit dem modernen System umgehen sollen, kann man sein Buch auch als Manifest zur europäischen Wiedergeburt sehen. In Aufbruchzeiten schwebt das ewige Dilemma für alle Denker und Dichter des Abendlandes: Soll man sich der Resignation und seinem Weltschmerz überlassen oder vielmehr den Aufbruch wagen, sich den Herausforderungen tatkräftig stellen? Soll man sich auf den Marmorklippen tagelang selbstsüchtig der Meditation hingeben oder sich mit Waffen an die Front begeben? Es stellt sich auch die heikle Frage, welche Waffen man benutzen und zu welcher Front man sich begeben soll. Kraemer weiß, daß derzeit das einzige erfolgreiche Mittel zur Bekämpfung der Systemlügen nur der Kulturkampf sein kann.

Der Autor ist sich auch bewußt, daß die Deutung politischer Begriffe derzeit völlig von der herrschenden Klasse und ihren Hof-Intellektuellen kontrolliert wird. Zahlreiche politische Begriffe haben ihre ehemalige neutrale Bedeutung verloren und werden heute in Schmähworte umgewandelt, was mit dem Ziel geschieht, den politischen Gegner besser diskreditieren zu können. Besonders gilt dies für das Wort „Faschismus" und teilweise für das Wort „Nationalismus", die das System heute als Begriffe für das absolute Böse verwendet. Nun, wenn das System das Wort „Faschismus" als Sinnbild des absoluten Bösen gebraucht, werden logischerweise alle ehemaligen und künftigen Desaster des Liberalismus und Kommunismus relativiert oder gar als kleineres Übel gesehen. Mit dieser Umwertung der Sprache versucht das System, sich eine dauerhafte Legitimität zu verschaffen.

Laut dieser Systemsprachregelung ist es klar, daß ohne die Wiederaneignung unserer Sprache und eine klare Differenzierung politischer Begriffe keine Chance besteht, unser kulturpolitisches Erbe zu retten. „Gerade durch diese Differenzierung erhalten Worte eine viel klarere Bedeutung, und wir können viel treffender beschreiben, was wir meinen," merkt Kraemer trefflich an. Demzufolge, ehe man die politische und militärische Macht morgen oder übermorgen in den Aufbruchszeiten bzw. im Ernstfall ergreift, muß man vor allen Dingen zuerst genau wissen, wie man die neue Begrifflichkeit der breiten Masse von Menschen am besten näherbringen kann. Der Grund, warum das System seit 1945 so erfolgreich gewesen ist, liegt nicht in seinem immer weiter steigenden Pro-Kopf-BIP, sondern in seiner meisterhaften Massenkonditionierung durch einen penetranten Schuldkult, sei es in den Medien oder im Hochschulwesen. Infolgedessen bleibt heute den meisten freidenkenden Europäern nichts anderes übrig, als die Sprache des Systems zu demontieren, um ihre eigene besser durchzusetzen, ganz nach dem Grundsatz, „daß eine adäquate Verpackung die grundlegende Voraussetzung dafür ist, erfolgreich seine Inhalte zu verbreiten". Im heutigen digitalen Zeitalter bedeutet eine gute Sprachverpackung den garantierten Erfolg. Ein ständiger Rückgriff auf die veraltete Ikonographie des 20. Jahrhunderts, der Gebrauch von Redewendungen aus der Faschismusepoche oder eine groteske Mimikry der Hollywood-Nazis ist ein Irrweg, der den modernen Nationalisten großen Schaden zufügen kann.

Der Gleichheitswahn, der heute als Hauptpfeiler des Systems dient, widerspricht dem gesunden Menschenverstand, ganz zu schweigen von zahllosen empirischen Daten, die auf biologische Unterschiede zwischen Völkergruppen hinweisen. Die heutigen multikulturellen Gebilde in Europa und den USA dienen vor allem einer unmenschlichen Gleichheitsideologie, die in vielerlei Hinsicht, wenn auch in anderer Verpackung, den ehemaligen kommunistischen Zwangsstaatsprojekten ähneln. Beide Ideologien, der Kommunismus und der Liberalismus, zielen auf eine wurzellose und rassenlose Gesellschaft ab, wo der einzelne nur als austauschbare Nummer fungieren soll. Klar, wenn alle Leute als gleich proklamiert werden, kann man sie immer weiter, wie auf einem Fließband, durch neue Leute ersetzen. Zum großen Teil hängen aber unsere Verhaltensmuster an unseren Erbanlagen und an unserem Willen oder Unwillen zur Macht. Frank Kraemer weiß, daß das menschliche Dasein auch von menschlichen Genen gesteuert wird. Das sind auf Logik und Alltagsrealität basierende Tatsachen, die jedoch heute von vielen Systemintellektuellen verneint werden. Letztendlich können wir fast alles wechseln: unsere Kultur, unsere

Sprache, und wir können sogar unser Volk für immer verlassen – aber unsere Erbanlagen können wir nie ändern. Von einem frommen und schüchternen Denker, dessen Freizeitleben sich bis zu seinem Tod in der Stadtbibliothek abspielt, kann man kaum erwarten, große Politikumwälzungen anzustoßen. Andererseits wird ein starrsinniger und impulsiver Neu-Siegfried-Nationalist aus dem Nibelungenlied trotz seiner Fähigkeit, die Systemlügen zu entlarven, kaum etwas Gutes und Dauerhaftes vollbringen können. Er braucht zuallererst einen gutbelesenen neuen Merlin der Magier oder eine scharfsinnige und vorausdenkende Kriemhild, um seine Ziele erfolgreich durchsetzen zu können. Ja, sein Idealismus, sein guter Charakter und sein Wille zur Macht können sein Volk leicht ins Chaos stürzen und seinen Namen in zahllosen Folgegenerationen zur ewigen Schmach werden lassen. Kraemer zitiert Goethe zu Recht, „daß alles Gescheite schon einmal gedacht wurde und daß man es immer wieder aussprechen muß". Ja, aber wie oft muß man diese offensichtlichen Wahrheiten aussprechen, bevor der Wille zur Macht hervortreten kann? In der Regel sterben die meisten Leute, ohne unsterblich zu werden. Ebenso wie viele Bücherwürmer, deren fleißiges Sitzfleisch, wenn nicht mit Kampf gekoppelt, von geringem Gemeinnutz ist. Wir alle brauchen unseren Doppelgänger: Der Denker braucht den Kämpfer, der Kämpfer braucht den Denker.

Leben heißt ewiger Kampf. Das Leben, oder vielmehr Überleben, wie Ernst Jünger einst schrieb, heißt auch bis an seine äußersten Grenzen zu gehen. Das heutige System ist äußerst gefährlich, da es auf großen politischen Illusionen und der Selbsttäuschung der Politeliten beruht. Daher muß jegliche Schwäche gegenüber Illusionen und Selbsttäuschung in uns abgetötet werden, auf daß wir uns selbst dagegen immunisieren. Im Klartext: Die System-Meinungsmacher nähren nicht nur den Mythos des ewigen Fortschritts, sondern tischen uns auch die debile Lüge eines Endes der menschlichen Schicksalsgeschichte auf. Laut diesen Illusionen leben wir alle in einem bevorstehenden Schlaraffenland, in dem sich alle Sorgen und Versorgungsfragen von selbst lösen werden. Allerdings werden die System-Großillusionisten durch den aktuellen Ansturm Millionen Andersartiger auf Europa ihre Lügen schon bald bereuen. Und dann treten unausweichlich unsterbliche

Männer und Frauen ins Rampenlicht der Geschichte. Immer wird es ein paar Männer und Frauen im Abendland geben, die an die Ewigkeit denken und unsterblich werden. Die ewige Wahrheit besteht im ehernen Naturgesetz, daß nur der Kämpfer ein freier Mensch sein kann. Kraemers Buch ist ein Zeugnis davon.

Zagreb, Kroatien, im August 2018
Dr. Tomislav Sunić

Teil 1
Impulse

In eigener Sache

„Das heiligste Amt des Schriftstellers ist dies, seine Nation zu versammeln und mit ihr über ihre wichtigsten Angelegenheiten zu beratschlagen."

Johann Gottlieb Fichte (1762 - 1814)

In diesem Buch ist von Völkern und Rassen die Rede. Von offizieller Seite wird behauptet, letztere würden gar nicht existieren. Ungeachtet dessen ist in Artikel 3 des Grundgesetzes explizit davon die Rede, daß niemand wegen seines Geschlechtes, seiner Abstammung, seiner Rasse, seiner Sprache, seiner Heimat und Herkunft, seines Glaubens, seiner religiösen oder politischen Anschauungen benachteiligt oder bevorzugt werden dürfe. Ein weiteres Beispiel liefert die Charta der Vereinten Nationen. Dort lesen wir in Kapitel 1, Ziele und Grundsätze, unter Punkt 3.: „... eine internationale Zusammenarbeit herbeizuführen, um internationale Probleme wirtschaftlicher, sozialer, kultureller und humanitärer Art zu lösen und die Achtung vor den Menschenrechten und Grundfreiheiten für alle ohne Unterschied der Rasse, des Geschlechts, der Sprache oder der Religion zu fördern und zu festigen; ...". Weiter kommt der Begriff Rasse in Artikel 13, Absatz b, Artikel 55, Absatz c und Artikel 76, Absatz c vor.[1] Somit spielt für jene, die den Rassebegriff vordergründig abschaffen wollen, anscheinend genau dieses Kriterium sehr wohl eine Rolle. Auf den Gebieten der Wissenschaft ist die Rasse ebenfalls ein Faktum. So wies bereits das *New England Journal of Medicine*[2] am 11. November 2004 unter der Überschrift „Race-Based Therapeutics" darauf hin, daß das Herzmedikament Enalapril je nach Hautfarbe anders dosiert werden muß, da sich Schwarze für den heilenden Wirkstoff weniger empfänglich zeigen. Ebenso das Antidepressivum Prozac. Dieses wird bei schwarzen Drogensüchtigen niedriger dosiert als beispielsweise bei weißen, da Schwarze den Stimmungsaufheller langsamer verarbeiten als Weiße und Asiaten.[3]

---

1 https://www.unric.org/de
2 https://www.nejm.org/doi/full/10.1056/nejmp048271
3 https://www.zeit.de/2002/39/Andere_Rasse_andere_Pille

Auf Grund der Erkenntnisse aus der Verhaltensforschung weiß man, daß Verhaltensweisen nicht nur erlernt, sondern ebenfalls durch Vererbung weitergegeben werden. Diese manifestieren sich in der jeweiligen Mentalität, also dem Volkscharakter. Die Arbeiten des österreichischen Evolutionsbiologen, Verhaltensforschers und Gründers des Fachs Humanethologie, Irenäus Eibl-Eibesfeldt, liefern auf diesem Gebiet erhellende Einblicke. Selbstverständlich gibt es auch rassenübergreifende Gemeinsamkeiten. Irenäus Eibl-Eibesfeldt beschreibt eine bestimmte Charaktereigenschaft, die allen Menschen zu eigen ist, als sogenannte Fremdscheu. Diese resultiert aus dem natürlichen Umstand, daß man sich den Menschen eher verbunden fühlt, die einem ähnlich sind. Zu fremden Menschen geht man erst einmal auf Distanz, da man diese von ihrem Verhalten her nicht einschätzen kann. Wenn ein Europäer auf einen Stamm afrikanischer Eingeborener stößt, die vorher noch nie einen Weißen gesehen haben, verhalten die sich in der Regel genauso zurückhaltend, als wären die Rollen vertauscht. Ganz klar grenzt jedoch Irenäus Eibl-Eibesfeldt diese angeborene Fremdscheu, die der Selbsterhaltung dient und zur Vorsicht mahnt, von indoktriniertem Fremdenhaß ab. Es lohnt sich also immer zu differenzieren. Ebenfalls sei das Werk *Rasse, Evolution und Verhalten (Race, evolution and behavior,* New Brunswick 1995*)* des kanadischen Professors für Psychologie, John Philippe Rushton, zu empfehlen. Darin analysiert Rushton Literatur der verschiedensten Disziplinen. Angefangen bei der Psychologie, Soziologie und Verhaltensforschung bis zur Genetik untermauert er seine eigenen Theorien der Rassenungleichheit durch logische Schlußfolgerungen.

Beim Thema Rassenunterschiede ist in gewissen Kreisen ein paradoxes Verhaltensmuster festzustellen. Einerseits wird die bunte Vielfalt gepriesen, die eine multikulturelle Gesellschaft ausmachen soll. Weist man jedoch auf tatsächlich bestehende Unterschiede zwischen Menschen unterschiedlicher Abstammung hin, wird mit einer angeblichen Diskriminierung die eben noch hochgepriesene Vielfalt negiert. Plötzlich sind alle Menschen gleich, und von Unterschieden will man nichts mehr wissen. Was diese Menschen anscheinend nicht verstehen: Ungleichheit ist die Grundvoraussetzung für Vielfalt. Das Ablehnen jeglichen Rassenbewußtseins scheint man nur weißen Menschen anzutrainieren. Schwarze besitzen hingegen sehr wohl diese Eigenschaft und bezeichnen Menschen gleicher Hautfarbe als Bruder oder Schwester. Die Hautfarbe wird somit zum Identifikationsmerkmal. Davon sollten sich weiße Menschen inspirieren lassen. Macht man sich die Mühe und sucht auf Wikipedia nach den Begriffen „asian pride", „black pride" und „white pride", so liest man zu den ersten beiden Begriffen, daß diese eine gewisse Ermutigung beinhalten, die eigene Kultur auszuleben und sich dazu zu bekennen. Nur beim letzten Begriff schwingen negative Assoziationen mit, wonach es sich um eine Rassenüberlegenheit handeln würde, die hier propagiert werde. Es wird also jeder Rasse ein Recht auf Eigenständigkeit zugesprochen – außer der weißen. Über diesen Fakt lohnt es sich nachzudenken.

Daß alle Menschen, egal welcher Rasse sie angehören, gleichwertig sind, wird niemand ernsthaft bestreiten. Gleichwertig bedeutet jedoch nicht gleichartig. Und diese Andersartigkeit ist es, die diesem Planeten erst seine wahrhaft bunte Gestalt verschafft. Völker und Rassen sollten deshalb nicht aus der Perspektive von Ausgrenzung und Haß betrachtet werden, sondern in einem positiven Kontext als Ausdruck natürlicher Vielfalt. So wußte schon Johann Gottfried Herder mit seinem Ausspruch „Völker sind Gedanken Gottes" das zu beschreiben, was jeder Mensch, der mit offenen Augen und unvoreingenommen durch die Welt geht, als Alltagsrealität zu bestätigen weiß.

Warum ein Buch?

„Ein Haus ohne Bücher ist arm, auch wenn schöne Teppiche seine Böden und kostbare Tapeten und Bilder die Wände bedecken."

Hermann Hesse (1877 - 1962)

Warum ein Buch, wenn man doch im weltweiten Datennetz alles viel einfacher verbreiten kann? Mit meinem Videoformat *Der dritte Blickwinkel* habe ich mir in der Tat eine multimediale Präsenz unter anderem auf der Plattform YouTube geschaffen. Inhaltlich behandle ich verschiedene Themen wie Nationalismus, Identität, Deutschendiffamierung oder wie der Staat Terror initiiert, um seine Machtstrukturen weiter ausbauen zu können. Wir leben zwar in einer Zeit, in der es möglich ist, die Vorzüge und somit die Reichweite des Internets für uns zu nutzen, jedoch haben andere wiederum die Möglichkeit, genau das mit einem Mausklick zu verhindern. Wir erleben gerade weltweit, insbesondere in Deutschland durch die Maasschen Zensurgesetze, die totale Aushöhlung der Meinungs- und Redefreiheit. Selbst kritische Stimmen, die sich innerhalb des immer enger werdenden Rahmens unseres Strafgesetzes bewegen, werden aus den sozialen Netzwerken getilgt. Ich spreche da aus Erfahrung. Viele meiner Videos wurden wegen angeblicher Haßreden gesperrt und somit in ihrer Reichweite extrem eingeschränkt. Und so geht es vielen YouTubern aus dem nationalen und patriotischen Spektrum. Deshalb habe ich auf alternativen Plattformen (Rutube, Dailymotion und Vimeo) weitere Kanäle eröffnet, auf welchen meine Videos weiterhin abrufbar sind. Dabei dient mein Wordpressblog als eine Art Archiv. Sollte wieder einmal die Zensur zuschlagen, wird dort auf die Plattform verwiesen, auf der das entsprechende Video abrufbar ist.

Selbstverständlich hat man den Vorwurf der Haßrede nicht begründet. Auf meine Anfragen hin konnte man mir leider nicht mitteilen, welche Passagen meiner Videos gegen welche Gruppen Haß verbreiten würden. Wozu denn auch? Macht bedeutet Recht. Und wir brauchen uns nicht einreden zu lassen, daß es Systeme gibt, die nicht totalitär wären. Totalitarismus ist der Schutzmechanismus eines jeden Systems. Dennoch gibt es Unterschiede in seiner Wertigkeit. Wenn ich die Wahl zwischen einem Totalitarismus habe, aus dem eine Jugend hervorgeht, die vital und lebensbejahend ist und einem Totalitarismus, der eine Jugend hervorbringt, die verfettet und umfällt, sobald sie ein paar Schritte rückwärts vollbringen soll, da ihre motorischen Fähigkeiten vollkommen degeneriert sind, dann entscheide ich mich frohen Herzens für ersteren. Denn ersterer beinhaltet die Freiheit, derjenige zu werden, der man ist. Letzterer bedeutet, in angeblicher Freiheit zu vergammeln, ohne sein Potential entfalten zu können. Es ist also die destruktive und pervertierte Form von Freiheit, die einem tumorartigen Wildwuchs gleichkommt, welche wir heute erleben.

Zurück zu diesem Buch. Dieses läßt sich glücklicherweise nicht mit einem Mausklick löschen. Man kann es verbieten und auch verbrennen. Doch dafür muß man es erst einmal in die Hände bekommen. Es ist stofflich existent, man kann es anfassen, die Druckerschwärze riechen und, sollte es einmal soweit kommen, dieses Buch vor den Verfolgern des Regimes verstecken. Man kann es sogar lesen, wenn der Strom ausfällt. Mit digitalen Medien ist das nur zeitlich begrenzt möglich, was uns zum Thema Energieressourcen führt. Wenn unser Strom nach der geplanten wahnsinnigen Energiewende von Windrädern und anderen wetterbedingten Stromquellen abhängt, um 18 Uhr Millionen von Landsleuten nach der Arbeit ihre Elektroautos an die Steckdose klemmen und ein Blackout nach dem anderen droht, kann sich jeder vernünftige Mensch ausmalen, daß Strom bald unbezahlbar sein wird. Dann erleben wir eine Renaissance vom Lesen bei Kerzenschein.

Abgesehen davon war es immer schon mein Wunsch, neben dem Komponieren von Liedern ein Buch zu veröffentlichen. Im Grunde ist dieses Buch eine Art persönliches Manifest, in dem ich dem Nationalismus als natürliche Weltanschauung Raum biete. Ich möchte ihn als etwas Lebensbejahendes und in scharfer Trennung zum Chauvinismus verstanden wissen. Ebenso hat der Nationalismus als natürliche Weltanschauung nichts mit einem schwammigen Verfassungspatriotismus zu tun, bei dem jeder mitmachen darf, nur weil er ein paar Regeln einhält. Einige der in diesem Buch enthaltenen Kapitel behandeln Themen, die ich schon in meinen Videos besprochen habe. Jedoch ist zum einen deren Verfügbarkeit aus den obengenannten Gründen nicht grundsätzlich garantiert, zum anderen ist der Inhalt erweitert und angepaßt, da man durch Diskussionen oder Kommentare sein Denken erweitert und neue Facetten entdeckt. Des weiteren dient ein Buch immer als Nachschlagewerk. Es läßt sich daraus zitieren, man kann Vermerke vornehmen und somit seine eigenen Gedanken hinzufügen und neue Gedankengebilde errichten. Schließlich wäre es vermessen zu behaupten, daß meine Gedanken das Ende der Geschichte einläuten. Schon Goethe stellte fest, daß alles Gescheite schon einmal gedacht wurde und daß man es immer wieder aussprechen muß. Ursache ist das ständige Vergessen der Menschen. Das ist auch der Grund, warum sich die Geschichte immer in Zyklen wiederholt. Es ist das ewige Werden, Sein und Vergehen, das wir im Kleinen im Jahreslauf oder in der Geburt und im Tod eines Menschen erkennen und im Großen in der Errichtung und dem Niedergang großer Kulturen. Heute befinden wir uns an so einem Wendepunkt, an dem wir selbst durch unser Handeln über unser Schicksal entscheiden. Es ist unser Kali-Yuga, wie es die arischen Inder kannten. Oder der Zustand, den unsere germanischen Vorfahren als Wolfszeit bezeichneten:

> *Brüder schlagen dann,*
> *morden einander;*
> *Schwestersöhne*
> *verderben Verwandtschaft;*
> *wüst ist die Welt,*
> *voll Hurerei; 's ist*
> *Beilzeit, Schwertzeit,*
> *zerschmetterte Schilde,*
> *Windzeit, Wolfszeit,*
> *bis einstürzt die Welt –*
> *nicht ein Mann will*
> *den anderen schonen.* VÖLUSPÁ

Was macht das Themenfeld der Metapolitik so interessant, um es als Lebensphilosophie zu bezeichnen, wie im Untertitel dieses Buches geschehen? Metapolitik bereitet den vorpolitischen Raum, erzeugt Stimmungen und somit Meinungen. Metapolitik ist umfassender als reine Parteienpolitik und dringt viel tiefer in die Seele. Das kann zum

Segen, aber auch zum Fluch werden, wie wir heute am ethnosuizidalen Verhalten unserer Landsleute erkennen.

Die Menschen interessieren sich in den seltensten Fällen für abstrakte Gesetzesvorlagen oder Parteiprogramme. Dazu kommt, daß Politiker generell durch ihre, gelinde gesagt, flexible Arbeitsweise auf den hinteren Rängen der Vertrauenswürdigkeit rangieren. Daher kommt kein System um das Themenfeld der Metapolitik herum, um sich selbst zu stabilisieren und zu legitimieren. Genau hier wird der Hebel angesetzt und durch eine Gegenkultur in Frage gestellt. Was darauf folgt, kann durchaus als Kampf der Kulturen bezeichnet werden.

Bilder, Literatur, Medien, Musik – all das sind die Zugänge in die Herzen der Menschen. Daher spielen meinungsbildende Medien und Plattformen eine ungemein wichtige Rolle beim Besetzen von Begriffen. Denn wer die Begriffe beherrscht, besitzt die Deutungshoheit über gut und böse in der politischen Auseinandersetzung.

Bei einem Konflikt mit einem System, dem man in einer Materialschlacht nichts bis wenig entgegensetzen kann, ist der erfolgversprechendste Ansatz derjenige, die Herzen und die Köpfe der Menschen zu erreichen. Nicht durch Parteienpolitik, sondern durch das vielfältige Aus- und Vorleben einer alternativen Lebensart, die lebensbejahend ist und sich mit der Alltagsrealität deckt. Mit Hilfe der Metapolitik pflanzen wir Wünsche und Sehnsüchte in die Seelen unserer Landsleute hinein. Mut, Selbstachtung und Wehrhaftigkeit sind die Tugenden eines wiedererstarkenden Volkes, welches wie der Phönix aus seiner eigenen Asche steigen wird.

Unsere Arbeit ist mühsam und gleicht vielen kleinen Steinen, die ein großes Ganzes ergeben. Einer dieser kleinen Steine reicht jedoch schon aus, um auf einer glatten Wasseroberfläche immer größere Kreise zu ziehen. Wir selbst stellen jetzt die Weichen, ob unser Volk und alles, was wir lieben, durch das Zeitenrad zermalmt wird oder ob wir dem Niedergang die Stirn bieten und trotzig dem Schicksal in den Rachen greifen. Ein Leben ohne Selbstbestimmung hat keinen Wert. Niemand wird es uns schenken. Wir müssen es uns erobern. Laßt uns die Götzendämmerung einläuten.

Frank Kraemer

Eitorf, 15. November 2018

Wege der Unsterblichkeit

„Ein jeder muß ein inneres Heiligtum haben, dem er schwört, und sich als Opfer in ihm unsterblich machen - denn Unsterblichkeit muß das Ziel sein."

Bettina von Arnim (1785 - 1859)

Den Begriff der Unsterblichkeit verorten viele Menschen intuitiv auf einer religiösen Ebene. Jedoch reicht dieser Begriff viel weiter. Die Unsterblichkeit ist nämlich ebenso eine philosophische Angelegenheit und erstreckt sich bis hin zur biologischen Tatsache. Wir können auf unterschiedlichen Wegen unsterblich werden. Wenn wir eine bedeutende Tat vollbringen und dadurch in die Geschichte eingehen, wenn wir Lieder komponieren und diese von Generation zu Generation in unserem Volk weitergetragen werden oder wenn wir ein Buch schreiben und damit ein Grundlagenwerk erschaffen, das Menschen heranziehen, um sich über ein Thema zu informieren. Vergessen wir nicht die imposanten Bauwerke, durch die sich schaffende Menschen selbst ein Denkmal gesetzt haben. Dadurch werden wir unsterblich, und unser Name wird niemals in Vergessenheit geraten. Unsere Ahnen kleideten diese Form von Unsterblichkeit in den Ausspruch: Ewig lebt der Toten Tatenruhm! Damit diese Form von Unsterblichkeit zum Tragen kommt, bedarf es vorher einer anderen Form von Unsterblichkeit.

Es ist fraglich, ob große Denker wie Goethe, Nietzsche und Schiller auf ewig Ratgeber und Kompaßnadel sein können. Spätestens, wenn diejenigen Menschen verschwinden, die sich mit diesen großen Denkern in Form einer Schicksalsgemeinschaft verbunden fühlen und andere Menschen auf den Plan treten, die ihre eigenen Gedanken und Maßstäbe besitzen und leben, werden unsere Philosophen und Künstler in Vergessenheit geraten. Ganz konkret haben unsere Gedanken in einer islamisierten Welt keinen Platz. Nicht umsonst gehen missionierende Ideologien, wozu ich neben Christentum und Islam ebenso den US-Imperialismus in Form einer aggressiven Demokratisierung zähle, gründlich und nachhaltig vor. Es werden die Überlieferungen und Mythen und somit die Wurzeln der zu Missionierenden zerstört und durch fremde Inhalte ersetzt, um ein Vakuum zu vermeiden. Überall, wo der Ein-Gott-Glaube an Allah herrscht, gab es ursprünglich eine Vielzahl an Gottheiten und Religionen, welche sich die dort lebenden Menschen nach ihrem Ebenbild geschaffen und verehrt haben. Denn nicht ein Gott schuf den Menschen nach seinem Ebenbild. Vielmehr schufen sich Völker Götter, die ihrem Seelenleben entsprachen und eins mit ihnen waren. Götter, in denen sich die Völker und Stämme wiedererkennen. Ebenso gab es vor dem Christentum in Europa Götter, die unsere Ahnen ihrem Wesen nach erschaffen und in ihren Mythen und Liedern besungen haben. Und doch sind diese alten Götter noch nicht tot. Warum? Weil sie im Blut und im Bewußtsein als Archetypen zwar verschüttet, aber immer noch existent sind.

Noch ist es nicht soweit, Europa oder unser Vaterland totzusagen. Die Herausforderungen sind groß, jedoch nicht unmöglich zu meistern. Einige mögen den lähmenden Dämonen namens Fatalismus und Defätismus zum Opfer gefallen sein. Diese Einstellung spricht nicht sonderlich für eine edle Geisteshaltung. Nur weil im Hier und Jetzt für uns schwere Zeiten angebrochen sind, heißt das nicht, daß es in drei oder vier Generationen immer noch so sein muß. Spanien hat das Joch der Mauren erst nach einigen hundert Jahren mit einer siegreichen Reconquista abgeschüttelt. Die Weichen des Geschehens stellen wir durch unser tägliches Handeln. Wir müssen die Dimensionen unseres Denkens erweitern und nicht wie die etablierten Politiker eingeschränkt in Legislaturperioden denken, sondern in Generationen und selbst darüber hinaus.

Damit unsere Gedankenwelt weiterleben kann, bedarf es einer ganz konkreten Form von Unsterblichkeit, nämlich unserer eigenen Unsterblichkeit in Form und Wesen unserer Nachkommen. Wenn wir 24 Generationen zurückgehen, so sind es bereits an die 16 Millionen Ahnen, die etwas von sich in uns hinterlassen haben und die in uns und durch uns weiterleben. Wir sind bereits Teil dieser Unsterblichkeit, der wir uns leider nur selten bewußt sind. Oder wie ich es in dem *Halgadom*-Text „Mysterium des Blutes" beschrieben habe:

> *Blut ist Leben, Väter Erbe*
> *Wächst heran in Mutters Schoß*
> *In jedem Strang, der Dich durchwebt*
> *Ein Teil von Deinen Ahnen lebt!*

Es ist unsere Aufgabe, diesen uns durchwirkenden Blutstrom nicht mit uns enden zu lassen, sondern durch das Erschaffen neuer Generationen unsere Gene und gleichzeitig die unserer Ahnen weiterzugeben. Wir mögen nur ein einzelner Tropfen in diesem unendlichen Blutstrom sein. Umso wichtiger wiegt jedoch unsere Entscheidung, ob dieser Blutstrom mit uns versiegt oder weiterfließt. Um bei der Metapher des Blutstroms zu bleiben, so findet sich diese ebenfalls in einem Lied von *Stahlgewitter*. In dem Text zum Titellied „Hohelied der Herkunft" heißt es:

> *Es fließt ein Strom in tiefem Rot,*
> *entsprungen vor endlosen Tagen.*
> *Pulsierend, lebendig, besiegt er den Tod -*
> *in sich Ahn und Enkel tragend,*
> *denn nur das Blut bleibt, wenn man geht -*
> *in seinen Kindern und Erben*
> *pflanz' dich hinauf, ein ewiger Weg -*
> *und du wirst niemals sterben.*

Nietzsche bezeichnete Kinder einmal als Denkmäler aus Fleisch und Blut, die wir uns selbst erschaffen. Und daß der Garten der Ehe dazu diene, sich nicht fort-, sondern hinaufzupflanzen. Passender hätte er es nicht formulieren können, mag es auch ein idealisierter Gedanke sein. Ideale sind nun mal da, um danach zu streben, um Ansporn zu sein und um sich selbst zu überwinden. Ohne Ideale gibt es keine Weiterentwicklung.

So wie unsere Art und unser Volk weiterlebt, so leben auch die großen Geister unseres Volkes weiter, da sie durch uns einen Resonanzraum ihrer Gedanken erhalten. Helden werden nur dann geboren, wenn wir ihnen die Gelegenheit geben, sich in Fleisch und Blut zu manifestieren. Somit muß zuerst eine biologische Voraussetzung in Form von Nachkommen geschaffen werden, um auch das Metaphysische erhalten zu können: den Geist und die Seele eines Volkes. Wir können zwar lernen, wie andere Völker denken und handeln – wir werden es aber nie fühlen. Und das Gefühl ist der auslösende Impuls einer jeden Handlung. Das zu erkennen ist der Weg, wahre Vielfalt zu verstehen und den Kern des Lebens zu begreifen. Wenn ein Volk stirbt, stirbt mit ihm sein Denken und Fühlen.

Werde unsterblich! So lautet der Titel dieses Buches. Es ist eine Aufforderung und gleichzeitig ein Gruß an Dich. So wie man einem guten Freund aufrichtig einen guten Tag wünscht, so wünsche ich mir für Dich, daß Du ewig lebst. Vielleicht hat nicht jeder von uns die Möglichkeit dazu, unsterblich zu werden. Dennoch sollte es im Interesse eines jeden von uns sein, den Weg der Unsterblichkeit zu beschreiten. Jeder auf seine eigene Weise.

Die edelste Form der Selbstverwirklichung

„Je kaputter die Welt draußen, desto heiler muß sie zu Hause sein."

Reinhard Mey

Bleiben wir beim Thema der biologischen Unsterblichkeit und deren Grundlagen. Wenn man sich seine Umwelt oder die geteilten Fotos in den sozialen Netzwerken betrachtet, könnte man zu der bitteren Erkenntnis gelangen, daß ein Großteil der jungen Menschen in diesem Land ihre besten Lebensjahre an Hunde und Katzen vergeuden, anstatt ihre Zeit und Energie in die Schaffung einer Familie zu investieren. Oft wird behauptet, es sei verantwortungslos, Kinder in diese Welt zu setzen. In Wahrheit läßt sich die Umkehrgleichung aufstellen: Es ist verantwortungslos, keine Kinder zu bekommen. Traurigerweise verzichten oft gerade diejenigen auf Nachwuchs, die als Tatmenschen genau die Charaktereigenschaften verkörpern und somit weitergeben würden, die dieses Volk braucht. Bei diesen Menschen spielt eine Mischung aus übertriebener Vorsicht, einem ausufernden Wunsch nach Sicherheit, die es jedoch nirgends im Leben gibt und gleichzeitig der Rückfall in eine gewisse Komfortzone, in der man alles mühelos durchkalkulieren kann, eine Rolle. Das sind alles Charaktereigenschaften, die zwar löblich sind und auf ein vorausschauendes Denken hinweisen, dem Lauf der Evolution aber leider diametral im Wege stehen. Es ist kein Geheimnis, daß sich leider nicht selten diejenigen am meisten fortpflanzen, die es besser nicht tun sollten. Zumindest nicht in einer Zeit, in der es keine geeigneten Mittel gibt, selbst deren Potential herauszukitzeln und in den Dienst der Allgemeinheit zu stellen. Denken wir an die Kinder von Müttern, die in der einen Hand die Zigarette, in der anderen das Mobiltelefon halten und mit ihren Unterarmen den Kinderwagen schieben.

Ein Volk kann nicht alleine aus Architekten und Wissenschaftlern bestehen, sondern braucht ebenso Arbeiter und Krieger, also ausführende Menschen. Genauso kann ein Volk nicht nur aus eben jenen

Arbeitern und Kriegern bestehen. Denn gerade ein rohstoffarmes Land wie Deutschland ist von Innovationen und Ideen abhängig wie Saudi-Arabien von seinem Öl.

Ein Volk kann niemals zukunftsfähig bleiben, wenn sich die nächsten Generationen halbieren oder ganz ausbleiben. Keine Gemeinschaft kann überleben, wenn die Fähigen und Tüchtigen darauf verzichten, ihre Gene weiterzugeben. Falsch ist es, sich von negativen Begleitumständen die Lebensplanung diktieren zu lassen und freiwillig auf das Natürlichste der Welt zu verzichten. Kräftige und gesunde Männer und Frauen sind das höchste Kapital eines lebensbejahenden Staatswesens. Ohne den Menschen aus seiner Selbstverantwortung nehmen zu wollen, sind die Ursachen, die zu dieser Misere geführt haben, als fehlende oder besser gesagt als fehlgeleitete Staatserziehung zu bezeichnen. Die Aufgabe einer Staatsführung muß es sein, zukunftsfähig zu bleiben und den Bestand des eigenen Volkes zu bewahren und nicht dieses gewachsene Volk durch eine zusammenimportierte Bevölkerung zu ersetzen. Der türkische Präsident Recep Erdoğan ruft seine Landsleute dazu auf, nicht drei, sondern fünf Kinder zu bekommen. Solche Forderungen sind unter Berücksichtigung des Anstiegs der Weltbevölkerung absoluter Wahnsinn. Wenn sich schon ein Staatsoberhaupt zu solch einer Forderung hinreißen läßt, so soll dieser für eben die geforderten Menschen aufkommen und diese Last nicht als Populationsüberschuß anderen Nationen aufbürden. Daher gilt es, einen gesunden Mittelweg zu finden, der den Bestand eines Volkes nicht exponentiell anwachsen, aber eben auch nicht versiegen läßt.

Es ist die Aufgabe einer Regierung, ein positives und lebensbejahendes Familienbild zu vermitteln. Leider ist in Deutschland das genaue Gegenteil der Fall. Anstatt im Fernsehen wirkliche Lebenshilfen zu präsentieren, suggerierte uns jahrelang eine sogenannte Super Nanny namens Katharina Saalfrank, daß Kinder kleine Monster und gleichbedeutend mit dem sozialen Abstieg seien. Natürlich gibt es Problemfälle. Wo bleibt aber der Ausgleich im Staatsfunk, der auch die positiven Aspekte der Familie herausstellt? Ebenso erinnere ich mich nach über zehn Jahren Fernsehabstinenz noch schemenhaft daran, daß in den Seifenopern, die täglich immer noch die Gehirne ihrer Konsumenten weichspülen, jede Schwangerschaft einer Darstellerin mit

Grabesmusik untermalt wurde, gerade so, als wäre das Leben nun zu Ende. Man erzeugt, mal subtil, mal weniger subtil, eine gewisse Stimmung, um eine bestimmte Botschaft zu vermitteln: Kinder bedeuteten das Ende der Freiheit und seien der regelrechte persönliche Untergang des unabhängigen Menschen. So etwas prägt eine ganze Generation und lenkt sie in die gewünschte Richtung. Der Staat hat – kurzfristig gesehen – mehr davon, wenn beide, Mann und Frau, arbeiten gehen und Steuern zahlen. Die fehlende Nachkommenschaft importiert man sich aus der Dritten Welt oder läßt dies die ohnehin geburtenstarken Einwanderer erledigen. Daß deren Vermehrung dazu führt, daß es in deutschen Großstädten bereits häufig so aussieht wie in den Herkunftsländern der Zuwanderer, wird einfach ignoriert. Und das mit stoischer Ruhe, die in hysterisches Geschrei umschlägt, sobald man diese Tatsache beim Namen nennt. Wir sollen nicht unsterblich sein, sondern vergänglich. Auf uns warten nach dem Willen des Systems weder Wiegen noch Kinderwagen, sondern die Abtreibungskliniken.

Es ist auffällig, daß Kinderreichtum immer nur dann toleriert wird, wenn er von außereuropäischen Migranten produziert wird. Die Fremden sind auch in dieser Hinsicht gottgleich und unantastbar. Wenn wir Deutschen mehr als zwei Kinder bekommen, werden die Mütter gleich als Gebärmaschinen verunglimpft und die stereotypen Bilder von der unterdrückten Hausfrau und Mutter gebetsmühlenartig von den angeblichen Kämpferinnen für die heiligen Frauenrechte aufgetischt. Als wäre es eine Strafe, die eigenen Kinder zu lieben, großzuziehen und für eine geregelte Erziehung zu sorgen. Gerade letzteres solle man doch bitte der Regierung überlassen, bevor es zu selbständigem Denken und Abweichlertum kommt, in dem womöglich der ein oder andere Sachverhalt hinterfragt werden könnte. Bei den fremden Siedlern hingegen akzeptiert man sogar den archaischsten Sippenverbund und redet sich das mit dem Argument schön, daß diese noch nicht so weit seien und sich erst anpassen müßten. Bei den wachsenden und sich verfestigenden Parallelgesellschaften ist das ein sehr dünnes Scheinargument.

Angeblich ist jedes Lebensmodell gleichwertig, egal ob Homo-Ehe oder Patchwork. Nur bei der natürlichsten Form der Beziehung von Mann und Frau scheinen andere Regeln zu gelten. Daß Frauen vielleicht gerne Mutter und Hausfrau sein möchten, wird dabei ignorant übergangen. Frauen werden regelrecht bevormundet, so, als wären sie dumme Kinder, die man vor einem großen Fehler bewahren müßte. Daß Frauen nach der Mutterschaft wieder in ihren Beruf zurückkehren oder diesen sogar nebenher weiter ausüben können, unterschlägt man bewußt. Warum beschweren sich eigentlich keine Männer, daß sie als Arbeitstiere ausgebeutet werden und schuften müssen, um ihre Familie zu ernähren? Vielleicht, weil Männer keine lautstarke Lobby haben oder es einfach als ihre Aufgabe ansehen. Das klassische Familienmodell funktioniert seit Ewigkeiten. Und genau deshalb muß es weg.

Werfen wir einen Blick auf ein äußerst unattraktives Frauenmodell. Feministinnen setzen sich in Wahrheit gar nicht für die Rechte der Frauen ein. Sie versuchen, aus Frauen männerähnliche Wesen zu konstruieren. Heraus kommt nichts Halbes und nichts Ganzes. Es geht ihnen nicht um Gleichwertigkeit, sondern um eine nicht existente Gleichartigkeit. Das ist die zwingende Konsequenz ihres egalitären Denkens. Feministinnen wirken unweiblich und somit wenig ansprechend auf das männliche Geschlecht. Ob diese Wirkung gewollt oder ungewollt hervortritt, entzieht sich meiner Kenntnis. Vielleicht erwächst aus dieser Unzufriedenheit mit sich selbst eine Art Mißgunst, die dazu führt, daß man anderen Frauen nicht das gönnt, was einem selbst verwehrt zu bleiben scheint. Schuld an allem sind übrigens die Männer, die sie aufgrund fehlender Selbstreflexion als Projektionsfläche ihrer negativen Energien mißbrauchen. Oft wird dieser traurige Umstand ohne Widerstand hingenommen. Entweder sind die Männer durch zerstörte Geschlechterrollen verweiblicht und zahm geworden oder sie sind zu wohlerzogen, die passenden Antworten zu geben – wie bei der angeblich unterschiedlichen Bezahlung von Männern und Frauen. Es steht gar nicht zur Debatte, daß eine Frau für dieselbe Arbeit auch denselben Lohn wie der Mann erhalten muß. Gleiche Leistung - gleiches Gehalt. Mir sind jedoch keine geschlechtsspezifischen Lohntabellen bekannt. Bekommt ein Handwerker für eine 40-Stundenwoche mehr Geld als eine Handwerkerin? Tatsächlich handelt es sich bei diesen Kampagnen meist um emotionale Stimmungsmache. Laut dem Statistischen Bundesamt beträgt das Lohngefälle zwischen

Männern und Frauen 22 Prozent. Das klingt erst einmal nach einer zum Himmel schreienden Ungerechtigkeit. Daher ist es interessant nachzuprüfen, wie dieser Wert zustande kommt. Es liegt nämlich nicht am Gehalt beziehungsweise am unterschiedlichen Stundenlohn, sondern an den Arbeitsumständen. Frauen arbeiten häufiger in sozialen Berufen. Zu diesen zählen leider die schlechterbezahlten Branchen. Fast die Hälfte aller erwerbstätigen Frauen in Deutschland arbeiten in Teilzeit. Erfahrungsgemäß sind Teilzeitstellen schlechter bezahlt. Es hat also nichts mit dem Geschlecht zu tun, denn Männer in Teilzeit bekommen ebenfalls einen niedrigeren Stundenlohn. Frauen befinden sich häufiger und länger in Elternzeit, wodurch sie unter Umständen eine übliche Gehaltserhöhung verpassen. Der weibliche Anteil im Ingenieurswesen, im Bereich der Geschäftsführung, in Aufsichtsräten und anderen Führungspositionen ist deutlich kleiner als der männliche. Wenn man diese Fakten zur Kenntnis nimmt, erkennt man schnell, daß bei der ganzen Debatte um eine angeblich ungerechte und geschlechterspezifische Bezahlung Äpfel mit Birnen verglichen werden. Das Thema der Frauenquote im Berufsleben ist eine daraus abgeleitete Forderung. Wenn man jedoch meint, angebliche Männerberufe in Aufsichtsräten und Manageretagen aufbrechen zu müssen, müßte man konsequenterweise beim Maurergewerbe oder bei der Müllabfuhr weitermachen. So viel Gleichheit muß dann aber doch nicht sein. Lieber spaltet man und wiegelt die Geschlechter gegeneinander auf. Man konstruiert Probleme, wo keine sind und redet vor allem den Frauen ihre Rolle als Mutter schlecht. Das Prinzip „Teile und Herrsche" läßt sich überall anwenden. Dies gilt es zu erkennen, genau wie die Tatsache, daß Männer und Frauen nicht gleichartig, wohl aber gleichwertig sind. Nur durch ihre Andersartigkeit verbinden sie sich zu einem Ganzen und komplettieren sich auf natürliche Weise. Was wir benötigen, sind kommende Generationen von Müttern, Kämpfern und Anführern. Wir haben die Macht, diese aus der Vereinigung von Fleisch und Blut zu erschaffen, um es einmal in epischen Worten zu formulieren.

Ein einschneidendes Erlebnis ist sicherlich für jeden Menschen die Geburt des eigenen Kindes oder sind, im besten Fall, die Geburten der eigenen Kinder. Vor allem dann, wenn nach der Geburt das Bangen erst so richtig beginnt. Wenn unsere Eltern sterben, so ist das für uns und unsere Verwandten ein harter Schlag. Einen geliebten Menschen zu vermissen, hinterläßt Narben, auch wenn diese Metapher reichlich abgedroschen klingt – es ist nun mal so. Da hilft uns auch nicht das Wissen weiter, daß dieser geliebte Mensch in uns weiterlebt und somit irgendwie noch immer da ist. Denn es ist der stoffliche Zustand des geliebten Menschen, an den wir uns gewöhnt und den wie liebengelernt haben. Die Art zu reden, eine Bewegung, typische Gewohnheiten eben, die diesen Menschen unverwechselbar machen. Was aber, wenn die Kinder vor den Eltern gehen? Wie oft sterben kleine Kinder und sogar Säuglinge an unheilbaren Krankheiten oder Unfällen? Manche kommen schon mit einer Last zur Welt, die droht, so ein kleines Leben zu erdrücken, bevor es wirklich begonnen hat. Hier spreche ich aus leidlicher Erfahrung. Mit acht Lebensmonaten wurde unserem geliebten Kind solch eine ungeheure Last in Form eines Tumors samt linkem Leberlappen entfernt. Ich erwähne diesen Umstand nur, um zu unterstreichen, daß ich den Wert des Lebens erfahren und schätzengelernt habe. Und zwar den Wert eines jeden Lebens. Vielleicht mehr als so manch anderer, worum man mich jedoch in diesem Fall nicht beneiden muß.

Nun möchte ich mit einem Text aus dem Jahre 2010 fortfahren, den ich damals intuitiv zu Papier gebracht habe und für den ursprünglich die Überschrift dieses Kapitels Verwendung fand. Er wird hiermit in einen größeren Kontext gestellt, nämlich den, was Selbstverwirklichung bedeutet beziehungsweise, was die edelste Form eben dieser Selbstverwirklichung ist. Ist es die Karriere, das Partyleben – oder sind es gar materielle Güter wie ein teurer Sportwagen und schicke Kleider? Verwirklichen wir uns tatsächlich damit oder ziehen wir uns nicht eher eine Maske dessen auf, was wir phasenweise sein wollen oder womit wir unser wahres Ich verdecken möchten? Gegen Wohlstand ist nichts einzuwenden. Aber Wohlstand ist eben nicht alles.

Ich bin Vater! So kurz und knapp, aber doch so bedeutungsschwer sind diese Worte. Ein kleines Geschöpf, das noch nichts von dieser Welt weiß, in die es hineingeboren wurde, liegt nun in meinen Armen. Mein ganzes Leben lang wird es als mein Nachkomme tagein und tagaus ei-

nen ganz besonderen Platz einnehmen. Stolz und Hoffnung durchfluten mich, wenn es sich an meine Brust schmiegt und sich an meinem Hemd festhält. Voller Drang zum Leben versucht es, sich an mir hochzuziehen. Eine kleine Kämpferin, was der Name schon verrät, den seine Mutter und ich ihr gegeben haben. Vor ein paar Tagen noch im Mutterleib, nun in diese Welt gerissen, die penetrant ihren faulen Atem aus Kinderfeindlichkeit, Krieg, Überfremdung und Resignation verströmt. Ich stelle mich schützend dazwischen. Kleine Hände und kleine Arme, zwei halbgeöffnete blaue Augen, die verschont bleiben sollen von diesem egalitären und alles zersetzenden Zeitgeist. Wir suchen uns die Zeit nicht aus, in die uns das Schicksal wirft. Doch ermuntert es uns, den Kampf aufzunehmen, allen Widerständen zum Trotz den richtigen Weg des Lebens zu suchen und zu beschreiten. Eine Suche, die niemals wirklich aufhört, da die Facetten des Lebens vielschichtig und verworren scheinen. Eine Richtschnur gibt es dennoch: Alles, was dem Leben dient und neues Leben schafft, was aufrecht an Geist und Charakter ist, ist gut! Diese wenigen Worte atmen eine völkische Lebensauffassung, die allgegenwärtig auf jedes Tun und Handeln anwendbar ist. Völkisch zu sein bedeutet, Familie zu haben. Familie bedeutet Leben und Leben bedeutet Zukunft. Noch ein letzter Blick auf meine Tochter und es geht ab ins Bett. Ihr zuzusehen, ist spannender als jeder Krimi und schöner als jede Symphonie. Die Gesten und Gesichtszüge, die sie im Schlaf formt und auf diese Weise zeigt, wie neue Eindrücke verarbeitet werden, sind faszinierend. Man muß eine gestörte Beziehung zum Leben besitzen, dieses Wunder nicht als erstrebenswert zu erachten. Für jeden lebensbejahenden Menschen ist das eigene Fleisch und Blut die edelste Form der Selbstverwirklichung.

Uns wird durch Werbung, das Fernsehen und Hochglanzseiten irgendwelcher Magazine suggeriert, Konsum würde uns glücklich machen. Wir sollen erst gar nicht versuchen, unser Glück und unser Heil in uns selbst zu suchen und durch uns selbst zu finden. Denn damit ist schließlich kein Umsatz zu machen. Wir sollen abgelenkt werden: durch den rasenden Alltag, den ständig wachsenden Druck, all diese Faktoren, die ein „Zu-sich-selbst-finden" verhindern. Wir sollen funktionieren, konsumieren, gehorchen und irgendwann in der Kiste landen. Der nächste Arbeitsroboter wartet schon auf seinen Einsatz. Doch das kann nicht alles sein. Teure Kleidung, Sportwagen – alles verrottet irgendwann, ist nicht länger von Bestand. Meine Gene jedoch, die sich in meinen Ahnen und nun durch mich manifestieren, werden an meine Nachkommen weitergegeben. Diese Kette, in der ich ein Bindeglied darstelle, bedeutet meine ganz persönliche Unsterblichkeit.

Die Demokraten, oder diejenigen die sich dafür halten, bringen uns den Volkstod, so könnte man meinen, da sie fremden Interessen dienen. Dies ist nicht irgendeine hohle Parole „Unbelehrbarer", sondern bittere Wahrheit. All die Mächte, die danach trachteten, unser Volk durch zwei Weltkriege zu vernichten, können sich zurücklehnen und abwarten, bis sich das Volk der Dichter und Denker selbst atomisiert. Durch eine subtile Siegermachtspropaganda scheint der Freitod die auserkorene Doktrin zu sein. Abtreibungen, freiwilliger Verzicht auf Nachkommen, Verleugnung der Geschlechter und ein Vor-sich-hin-Degenerieren sind einige der zeitgenössischen Verfallserscheinungen. Bunte Bilder, Spaß und Unterhaltung sind dabei die billige Schminke, mit der man den in sich zusammenfallenden Greis zu verschönern versucht. Er soll von seinem Ende ja nichts merken. Todeszuckungen sollen der letzte Tanz zum Rhythmus der Todesmelodie sein. Laut gespielt von fanatischen Anhängern der krankhaftesten Gleichheitsideen, gleich einer Kakophonie der Barbarei und des Entsetzens. So zumindest stellen sie es sich in ihren Fieber-Phantasien vor. Doch ich mache diesen lebensfeindlichen Bestrebungen einen dicken Strich durch die Rechnung. Und glücklicherweise nicht nur ich. Trotz aller Unkenrufe werden immer noch deutsche Kinder geboren, entstehen Familien, in denen sich deutsche Männer und Frauen bewußt werden, daß es so nicht weitergehen kann. Es werden sich immer mehr alternative Gesellschaftsformen herauskristallisieren. Denn die Fähigen unseres Volkes werden sich nicht ewig ausbeuten lassen und ihren Wohlstand einem dahergelaufenen Pöbel samt fragwürdigen Minderheiten kampflos überlassen, der immer frechere Forderungen stellt. Es ist das Recht dieser Menschen und die Pflicht gegenüber der Evolution, sich abzugrenzen und jene, die diese Zustände herbeigeführt haben, an ihren eigenen Übeln zugrundegehen zu lassen. Denn jene, die seit über einem halben Jahrhundert täglich Verbrechen gegen das eigene Volk begehen, müssen lernen, für ihre Taten die Verantwortung zu übernehmen.

Egal wo in meinem Bekanntenkreis Nachwuchs zur Welt kommt: Es ist fast immer eine kleine Frau, die das Licht der Welt erblickt. Vielleicht eine Hilfestellung der Natur, uns so viele Frauen und hoffentlich auch Mütter zu schenken. In den vergangenen Jahrhunderten waren es fast nur Männer, die als Nationalhelden für ihr Vaterland gestritten haben und in Erscheinung getreten sind. Warum also soll dieses Mal nicht von einer Frau der rettende Impuls gesendet werden? Vielleicht sogar von dem wunderschönen Geschöpf, das gerade friedlich nebenan in seinem Bettchen liegt.

Was uns unterscheidet

„Die Starken tun, was sie können und die Schwachen erleiden, was sie müssen."

Thukydides (460 - 395 v. Chr)

Wir sind anders und das merken wir jeden Tag. Wir machen uns über Umstände Gedanken, die den meisten Menschen vollkommen belanglos erscheinen beziehungsweise die sie in ihrer Oberflächlichkeit gar nicht wahrnehmen. Entweder weil sie es nicht wollen oder sie es dank der eingeschliffenen Abgestumpftheit gar nicht mehr können. Sollten sie doch einmal den Versuch wagen, größere Zusammenhänge zu begreifen, endet jegliches Sich-Aufraffen an der Grenze der eigenen Komfortzone. Dann sinken diese Menschen wieder in ihre Belanglosigkeit zurück und sagen sich und denen um sie herum, daß man ja ohnehin nichts ändern könne. Wir sehen das von Grund auf anders. Was uns von diesen Menschen unterscheidet, ist unsere Motivation. Jene Kraft, die uns antreibt und die es nicht zuläßt, die destruktiven Verfallserscheinungen kritiklos zu akzeptieren, die um uns herum alles zertrümmern. Motivation ist nicht alles, aber ohne Motivation ist alles nichts. Der stärkste Antrieb hat keinen Nutzen, wenn das Seitenruder defekt ist und man den gewünschten Kurs nicht halten kann. Blinder und kopfloser Aktivismus ist ebenso nutzlos wie die größte Erkenntnis, der keine Taten folgen. Einer Motivation geht in der Regel ein Impuls voraus. So ein Impuls kann ein Erlebnis oder eine gewonnene Einsicht sein. Impuls und Erkenntnis verschmelzen dann zum Willen, etwas zu verändern. Dieser Wille ist unser Antrieb, aus dem unsere Tatkraft erwächst.

Impuls, Erkenntnis, Wille und Tatkraft schöpfen wir aus unserer Weltanschauung, die uns anspornt, im Hier und Jetzt dem Niedergang der Moderne zu trotzen. Wir besitzen eine Weltanschauung des Ausgleichs, da alle Gefühle darin ihren Platz haben. Wir bewerten nicht danach, ob eine Tat gut oder böse ist. Diese Wertung wäre rein subjektiv. Ist der Löwe etwa böse, weil er eine Gazelle reißt? Eine Gazelle würde diese Frage bejahen, ein Löwe verneinen. Letzterer folgt lediglich seiner Natur, die sein Überleben sichert. Ungewollt sichert er vielleicht ebenso den Bestand der Gazellenherde. Nämlich dann, wenn das Tier von einer Krankheit befallen war und nun der Herde kein Schaden mehr droht. Einfältige Menschen würden das Verhalten des Löwen als barbarisch und blutig bezeichnen. Wer aber das Leben und den Sinn von Werden, Sein und Vergehen verstanden hat, akzeptiert dagegen die uns durchwirkenden Naturgesetze als eine gegebene Größe. Er versucht erst gar nicht, eine Ideologie zu konstruieren, die sämtliche natürliche Zusammenhänge leugnet, um sich ein Paradies auf Erden zu schaffen, an dessen Ende nur Chaos stehen kann. Unser Maßstab richtet sich grundsätzlich an anderen Parametern aus. Wir bewerten danach, ob etwas das Leben bejaht oder verneint – und nicht, ob etwas im Dämmerlicht irgendeiner diffusen Gleichheit als angeblich ungerecht empfunden wird. Genausowenig gibt es keine guten oder bösen Gefühle. Liebe und Haß haben beide ihre Berechtigung und sind die Peitschenhiebe des Lebens, die uns antreiben. Wir lassen uns weder die Liebe zu unserem Vaterland mit seinen Wäldern, Burgen und Schlössern noch die Liebe zu unserer tiefen Muttersprache nehmen. Die Liebe zu unseren Nächsten, das heißt zu Familie, Verwandten, Freunden und zum Volk, ist ebenso ein Teil von uns wie der Haß auf jene, die all das zerstören wollen. Wer nur haßt oder nur liebt, wird an dieser Einseitigkeit zugrunde gehen. Der eine, weil er von innen heraus zerfressen wird, der andere, weil er seine tödlichsten Feinde mit offenen Armen und debilem Grinsen in sein Haus einlädt. Jede Zeit hat ihre Blinden.

Was uns von den anderen unterscheidet, ist, daß wir unser körperliches und geistiges Potential durch eine vitale Lebenseinstellung entfalten wollen. Die Heere der lebenden Toten sind durch den Massenkonsum betäubt und von bunten Bildern abgelenkt. Die Party am Wochenende erscheint erstrebenswerter, als den Versuch zu starten, tiefgründig darüber nachzudenken, wie man aus dem Hamsterrad des BRD-Alltags aussteigen und ein echtes Leben gestalten kann. Wenn man jedoch eben diesen Alltag als Erfüllung sieht, weil man nie hinter den Vorhang geblickt hat, dann paßt die tragische Metapher vom goldenen Käfig. Der glitzert in den schönsten Farben, ist aber eben doch nur ein Käfig. Diesen Menschen sei ein ganz persönlicher Erweckungsmoment gewünscht.

Ein gesunder Körper beherbergt in der Regel einen gesunden Geist. Denn der Geist befiehlt der Materie und baut sich somit den Körper nach seinem Ideal. Daß diese Lebenseinstellung nicht in allen Teilen unserer Bewegung angekommen ist, ändert nichts an der Tatsache, daß gerade in unserer Bewegung diese Vitalität häufiger vorzufinden ist als beispielsweise im sogenannten antifaschistischen Milieu. Würde diesen Gestalten derselbe Gegenwind entgegenschlagen wie uns, würde es nicht lange dauern, bis diese von einem George Soros finanzierten Politkriminellen auf der Strecke bleiben würden. Ohne die Unterstützung ihres angeblich verhaßten Systems wären sie nichts. Es sind die nützlichen Idioten, die für die Herrschenden die Drecksarbeit verrichten, wenn es darum geht, uns zu bekämpfen. Als Dankeschön bekommen sie finanzielle Zuwendungen, Immobilien und eine weitgehende strafrechtliche Immunität, wie es sich für Handlanger gehört, welche den Behörden ab und an einen Gefallen tun. Das macht sie als Systemalternative unauthentisch.

Die Vitalität in unserer Bewegung begründet sich im praktizierten Leistungsprinzip, das ein fester Bestandteil unserer Weltanschauung ist. Von nichts kommt nichts – das ist eine Weisheit, die vor allem unter Sportlern bekannt ist. Da helfen auch keine Demos, frechen Forderungen oder wirres Antidiskriminierungsgeschrei, mit denen sich das Prinzip von Schweiß, Schmerz und Eisen aushebeln läßt. Wenn ich nicht regelmäßig meine Muskeln trainiere, werden sich keine Erfolge einstellen. Widerstände sind für uns Mittel zum Wachstum – körperlich wie geistig. Um das zu begreifen, muß man seinen Platz im Leben finden. Vor allem muß man verstehen, daß Freiheit nicht bedeutet, daß man in Langeweile dahingammelt und sein Potential ungenutzt verkümmern läßt. Freiheit bedeutet, daß man der wird, der man ist. Diesen Zustand erreicht man, wenn man an seine Grenzen gestoßen ist und sich sogar darüber hinaus entwickelt hat, wenn man sich selbst fordert. Es ist ein nie endendes Hinaufstreben, eine ständige Metamorphose, was zugleich Sinn des Lebens ist. Diese Form des Sich-Verwirklichens verkörpert der Text des Liedes „Werde, der Du bist" vom *Halgadom*-Album „Wille:Tatkraft:Potential".

> *Erhebe Dich von wunden Knien*
> *Verlaß den Ort, wo niemals schien*
> *Der Schwarzen Sonne Feuersbrunst*
> *Wo alles welkt im faden Dunst*
>
> *Falsche Götzen Dich bezwungen*
> *Mitten in Dein Herz gedrungen*
> *Mit der Lüge falschen Schein*
> *Solltest ewig Sklave sein*
>
> *Schüttle ab die schwere Last*
> *Die man Dir aufgebürdet hat*
> *Schuld und Sühne wiegen schwer*
> *Doch Du folgst keinem Meister mehr*
>
> *Von Dir weht das Leichentuch*
> *Das man mit Dir zu Grabe trug*
> *Lege ab den Schmerz, das Leid*
> *Lebe für die Ewigkeit*
>
> *Triumphier auf Marmorklippen*
> *Verachtung fließt von Deinen Lippen*
> *Vertierte Fesseln lösen sich*
> *Werde endlich, der Du bist*

Der Mensch gleicht einer Pflanze, die fest verwurzelt im Boden zur Sonne strebt. Hochzucht statt Wildwuchs. Durch diesen Wettkampf des Lebens um die besten Plätze, bei dem so mancher auf der Strecke bleibt, trennt sich die Spreu vom Weizen, und es tritt die natürliche Ungleichheit der Menschen zutage. Doch gerade diese Auslese darf in einem egalitären Regime nicht stattfinden. Denn dadurch würde sich ein egalitäres System selbst widerlegen. Man versteift sich deshalb darauf, jegliches Niveau auf die bescheidenen Fähigkeiten des Schwächsten zu reduzieren. Dieser soll sich schließlich nicht in seinem Selbstwert beeinträchtigt fühlen. Gefühl und Wert der Unterforderten hingegen, deren Potential weggeworfen wird, werden einfach ignoriert, was wiederum zu Lasten aller geht. Denn von der Leistungsbereitschaft und den innovativen Ideen der Fähigen profitieren in der Regel alle. Wird dieses egalitäre Prinzip weiter durchgesetzt, tritt im weiteren Verlauf eine sich selbst erfüllende Prophezeiung in Kraft. Denn irgendwann sind als Endlösung tatsächlich alle Menschen gleich – zumindest gleich dumm.

In unserer Welt werden den Starken die Eisenkugeln von den Füßen genommen, auf daß sie sich ihrem Wesen und ihren Fähigkeiten entsprechend entfalten können. Das ist der Unterschied zwischen unserer natürlichen Weltanschauung und ihrer konstruierten Ideologie. Wir empfinden Ungleichheit nicht als ungerecht, sondern als Chance, sich beweisen zu können.

Doch auch die Überzeugten kennen den Moment, in dem sich das Grübeln nicht vermeiden läßt. Keiner kann sich dagegen wehren, zumal Selbstreflexion durchaus zu den sinnvollen Eigenschaften gehört. Es dient der eigenen Bewußtwerdung und korrigiert unter Umständen den Kurs. Irgendwann kommt der Punkt, an dem man beginnt, alles zu hinterfragen, woran man glaubt. Es geht nicht um den Wert oder die Richtigkeit der Weltanschauung, von der wir schließlich überzeugt sind. Es geht vielmehr um die Frage, ob die Menschen um einen herum es überhaupt wert sind, daß man sich für sie einsetzt, da unser Tun in weiten Teilen mit Undank erwidert wird. Wer zu uns kommt, ist sich im klaren, daß man eher mit Entbehrungen als mit Ruhm rechnen muß. Diese Frage ist dennoch nicht mit einem einfachen Ja oder Nein zu beantworten. Die Masse unseres Volkes funktioniert auf eine Weise, wie sie im Sinne der Herrschenden funktionieren soll. Die Mächtigen haben ihre speziellen Stellschrauben, an denen sie drehen und den gewünschten Effekt erhalten. Mal versetzt man sie in Kriegsstimmung, um mit Rückhalt in der Bevölkerung gegen einen Gegner losschlagen zu können, mal impft man sie mit Schuldkomplexen, damit sie der eigenen Ausplünderung auf Grund eines schlechten Gewissens keinen Widerstand leisten. So wie die Massen uns heute verachten, so werden sie uns morgen bejubeln. Das ist die Wankelmütigkeit der Massen. Dieses Phänomen ist kein typisch deutsches, es ist die menschliche Natur. Daher sollten wir gar keinen so großen Wert darauf legen, was andere von uns halten. Wenn sie uns folgen, ist es gut, wenn nicht, ändert es nichts an unserer Mission. Was wir tun, tun wir nicht für die Masse. Wir tun es für uns, unsere Familien, Freunde, Kameraden und Mitstreiter. Nicht die Anerkennung der Masse spielt für uns eine Rolle, sondern ob wir uns morgen noch im Spiegel betrachten können, ohne uns angeekelt abzuwenden. Es ist unsere innere Einstellung dem Leben gegenüber, der Befehl unseres Gewissens und unser Charakter, keine halben Sachen liegenzulassen und zu hoffen, daß irgendein anderer unsere Arbeit beendet. Es ist eine Art nationaler Gruppenegoismus, dem sich jedoch jeder Landsmann und jede Landsfrau zu jeder Zeit anschließen kann, wenn sie unsere Ziele unterstützen. Wir machen unser Handeln aber nicht von der Zahl unserer Gefolgschaft abhängig, da die Richtigkeit unseres Wollens nicht zur Debatte steht. Geschichte schrieb bekanntlich immer eine Minderheit, die zur richtigen Zeit und am richtigen Ort entschlossen gehandelt hat.

Wir müssen unnötigen Ballast loswerden, der uns in unserem Handeln einschränkt. Dazu gehört es, soziale Hygiene zu betreiben. Jeder kennt diese Menschen, die, egal was man tut, immer etwas zu bemängeln haben. Die alles besser gemacht hätten und die nur so strotzen vor guten Ratschlägen. Nur liegt hier der Knackpunkt: Sie tun nichts, außer angeblich alles besser zu wissen. Das funktioniert übrigens am besten vom bequemen Sofa aus, ohne selbst etwas zu riskieren. Von diesen Energievampiren müssen wir uns lösen. Unser Umfeld muß von Menschen befreit sein, die uns mit ihrer Art und Weise demotivieren und uns unsere Lebenszeit und -energie rauben. Die Freizeitkämpfer, ewig Schlechtgelaunten, die Maulhelden, die Säufer und Undisziplinierten, die im besten Falle nur sich selbst schaden, oft genug jedoch gute Leute durch unbedachtes Handeln mit in die Tiefe reißen und verheizen, gehören aus dem persönlichen Umfeld ausgeschlossen. Die goldene Regel lautet: Disziplin ist alles – in jeder Lebenslage. Mit der Zeit wird das Gesetz der Resonanz dafür sorgen, daß man die Menschen anzieht, die einem ähneln und mit denen man Gemeinschaft leben kann.

Unsere Zeit ist knapp und zu wertvoll. Sich selbst mit immer neuen Hiobsbotschaften das Leben schwerzumachen, können wir getrost anderen überlassen. Es gibt Mitstreiter, die stundenlang freiwillig eine negative Nachricht nach der anderen konsumieren und danach verdauen müssen. Es wird die kostbare Lebenszeit vergeudet und sich den Horrorszenarien ausgesetzt, die der Gegner selbst streut oder sehr ängstliche Zeitgenossen heraufbeschwören. Es ist jedoch vollkommen wertlos, Zeit und Energie an etwas zu binden, was wir doch ohnehin schon wissen. Es geschieht nichts, was für uns wirklich überraschend kommt. Deswegen müssen wir uns auf die Heilung konzentrieren und nicht auf die Symptome dieser Zeit. Der Verlauf der Krankheit bis zum Endstadium ist uns hinlänglich bekannt und vorhersehbar.

Zugegeben: Wir sind prädestiniert für schlechte Laune. Alles, was im Moment an politischen Entscheidungen getroffen wird, wird als letzte Konsequenz unsere totale Vernichtung sein. Das klingt nicht nur hart, das ist es auch. Daher ist das Folgende wichtig zu begreifen und nach außen zu tragen: Wir stehen für das Leben, die anderen stehen für den Tod. Eine stoische Gelassenheit, die nicht mit Gleichgültigkeit zu verwechseln ist, sollten wir daher unser Eigen nennen. Das wird von außen als Stärke interpretiert und wirkt anziehender, als wenn wir verhaßt und fahrig daherkommen. Denn trotz allem wollen wir mit unserer Aufklärungsarbeit unsere Landsleute erreichen und für unsere Sache begeistern.

Die einen kämpfen, die anderen verzagen. Die Kämpfer holen sich die nötige Kraft für ihr Handeln aus positiven Dingen. Durch gelebte Gemeinschaft, Familie, das Lesen stärkender und gehaltvoller Literatur und körperliche Betätigung. Dadurch werden Haß und Terror gegen uns zum Wind, der unsere Flügel trägt und der unseren Trotz nur mehr bis zur stählernen Härte verdichtet.

Du bist der Wandel. Deine Taten sind immer neue Impulse, die wie kleine Steine auf einer stillen Wasseroberfläche immer größer werdende Kreise verursachen. Je unruhiger die Wasseroberfläche wird, desto näher kommen wir unserem Ziel, den großen Wandel einzuleiten.

Teil 2
Außendarstellung

Auf den Blickwinkel kommt es an

„Die Stille und Ruhe gönnen dem inneren Sein eine tiefe Macht und freieres Walten, und es ist immer besser, wenn das Innere nach außen, als wenn umgekehrt das Äußere nach innen strömt."

Wilhelm Freiherr von Humboldt (1767 - 1835)

Wir kommen als Dissidenten und Systemkritiker nicht drumherum, alternative Medien zum scheinbar alles beherrschenden Mainstream zu schaffen. Scheinbar nur deswegen, weil breite Schichten unseres Volkes bereits erkannt haben, mit welchen manipulativen Mitteln und billigen Tricks der Mainstream arbeitet. Das erkennen wir an dem deutlichen Vertrauensverlust in Form von sinkenden Auflagen diverser Printmedien und an den Meinungsäußerungen denkender Bürger in den Kommentarspalten der entsprechenden Online-Ausgaben ebendieser Formate. In regelmäßigen Abständen werden die Funktionen zum Kommentieren je nach Themengebiet nach kurzer Zeit deaktiviert, weil die Kommentare sich nicht mit den Meinungen der Redakteure decken. Leider mündet dieser Vertrauensverlust in großen Teilen in Politikverdrossenheit anstatt in konstruktivem Widerstand. Diese freigewordene Energie zu kanalisieren, ist unsere Aufgabe, der wir mit unseren alternativen Medien nachkommen.

Daß sich der Prozeß des Aufwachens nur langsam vollzieht, liegt an der nachhaltigen, täglichen Dauerbestrahlung durch Rundfunk, Fernsehen und Online-Medien. Der sogenannte Mainstream duldet keine Meinungen, die sich außerhalb des engen Gedankenkorsetts bewegen, welches ein korruptes und machthungriges Medien- und Politkartell geschnürt hat. Die allseits propagierte Alternativlosigkeit gegenüber den noch aktuellen Herrschaftsstrukturen gibt die Marschrichtung vor und manifestiert sich per Dauerkonditionierung in den Köpfen der Menschen. Die Angst der Herrschenden ist dabei verständlich. Der Andersdenkende, der weder Gedankenkorsett noch Spielregeln des Systems akzeptiert, könnte womöglich der Besserdenkende sein und alternative Lösungsansätze anbieten, welche den Herrschenden niemals in den Sinn gekommen wären. Wenn das auch noch dem Volk auffallen sollte, wäre die eigene Machtposition in Gefahr, was auf keinen Fall geschehen darf. Deshalb wird gehetzt, diffamiert, verunglimpft, und selbstbestimmte Menschen, die sich nicht mit den desaströsen Zuständen in ihrem Heimatland abfinden wollen, werden als Pack beschimpft[4]. Bezeichnend ist dabei der immer niveaulosere Umgang der Herrschenden mit Kritikern aus dem eigenen Volk.

Diese von uns zu schaffenden alternativen Medien sind die breiter werdenden Nischen, die wir mit unseren Ideen und Lösungsansätzen füllen werden, um diese dann einem breiten Publikum anbieten zu können. Wir sind auf einem sehr guten Weg, dieses Vorhaben zu verwirklichen, was die breiter werdende Front an systemkritischen Printmedien und Online-Angeboten zeigt. Dort beweisen wir, daß es sehr wohl möglich ist, die wahnsinnige Selbstzerstörung aufzuhalten und sogar umzukehren, die eine arrogante Minusauslese eingeleitet hat. Die Mittel sind bereits da, es fehlt ganz einfach der politische Wille. Da kommen wir ins Spiel. Die Forderungen nach Souveränität, Beendigung der Westbindung, Herstellung der inneren Sicherheit, Grenzschutz und Abschiebungen von Millionen von illegalen und kriminellen Einwanderern sind Teil der logischen Konsequenzen aus den hausgemachten Krisen, bei denen wir uns des Rückhalts in der Bevölkerung sicher sein können. Wenn wir das vernünftig kommunizieren, werden wir die kritische Masse generieren, die wir für den politischen Wandel benötigen. Nicht zu vergessen sind multimediale Zentren für konzentrierte Aktionen wie der *Reconquista Germanica Discord Server*, der von Nikolai Alexander organisiert und aufgezogen wurde. Von dort aus führten Internetaktivisten diverse Aktionen auf Twitter und in den sozialen Netzwerken durch – und bilden somit ein enormes Gegengewicht zum Mainstream. Durch diese spektakulären Aktionen wurde schnell die Systempresse auf den Server aufmerksam, der zwischenzeitlich schon einige Male gelöscht wurde. Unbeeindruckt

---

[4] https://www.focus.de/politik/videos/spd-chef-spricht-klartext-gabriel-attackiert-rechte-fluechtlingshetzer-pack-und-mob-das-eingesperrt-werden-muss_id_4899288.html Sigmar Gabriel bezüglich der Ausschreitungen im sächsischen Heidenau: „Das ist wirklich Pack und Mob, und was man da machen muss, man muss sie einsperren." Oder: „Diese Leute haben mit dem Land Deutschland, wie wir es wollen, nichts zu tun." „Im Grunde hat jeder Flüchtling, der hier herkommt, mehr mit diesem Land zu tun als diese Leute, die das Land missbrauchen, Menschen aufhetzen, zu Gewalt und Mord und Totschlag auffordern."

davon werden immer neue Server hochgezogen und der Aktivismus fortgesetzt. Es bleibt zu hoffen, daß der Aktivismus nicht erlahmt und die Arbeit unter noch größeren Anstrengungen fortgesetzt wird, egal, wie hoch die Opfer sein mögen. Wie beachtlich die Erfolge von *Reconquista Germanica* sind, beweist die Aufmerksamkeit, die der Mainstream[5] diesem Medienprojekt schenkt. So berichtete die ARD unter dem Titel „,Reconquista Germanica' – wie rechtsradikale Aktivisten im Wahlkampf manipulierten" darüber, wie einzelne Aktivisten des Servers über mehrere Twitter-Profile massenhaft Beiträge teilten und somit bestimmte Schlagwörter im Ranking nach oben katapultierten. Das, was der gleichgeschaltete Mainstream betreibt, wird automatisch zum kriminellen Akt, wenn es andere tun. Denn wenige Verlagshäuser und somit eine Handvoll Einzelpersonen entscheiden darüber, was gleichzeitig in hunderten Print- und Onlinemedien erscheinen darf und was nicht. Man vergleiche z.B. nur einmal die Netzseiten der beiden Anbieter web.de und gmx.de. Wortlaut wie Bilder der Nachrichten sind komplett identisch. Ebenso zu erwähnen ist das im Aufbau befindliche Projekt „Frei hoch 3" von Hagen Grell. Zum Zeitpunkt, als diese Zeilen hier geschrieben wurden, steckte das Projekt noch in der Entwicklungsphase.

Trotz aller Emotionalität, immerhin geht es um einen Krieg gegen unser eigenes Volk, müssen wir uns im Bereich des Sagbaren bewegen. Selbstredend darf und muß auf Provokation als Stilmittel gesetzt werden. Es ist jedoch unklug, blindlings ins juristische Messer zu laufen, welches unsere Gegner offen vor sich halten. An dieser Stelle ist die Verteilung sogenannter Straftaten von rechts interessant, handelt es sich bei dem Großteil dieser Straftaten eben nicht um Gewalttaten, wie man uns suggerieren möchte, sondern um Gesinnungsdelikte. Im Verfassungsschutzbericht für das Jahr 2016 lesen wir auf Seite 24[6], daß es im besagten Jahr insgesamt 23 555 rechtsextremistisch motivierte Straftaten gab. Davon entfielen 12 476 auf Propagandadelikte, 6432 auf sogenannte „andere Straftaten, insbesondere Volksverhetzung" und

---

5 https://www.focus.de/politik/experten/gastbeitrag-von-julia-ebner-hass-auf-knopfdruck-wenn-die-verbreitung-von-hass-computerspiel-charakter-bekommt_id_8554382.html
6 https://www.verfassungsschutz.de/embed/vsbericht-2016.pdf

1600 auf Gewalttaten. Anhand der Zahlen können wir belegen, daß sogenannte rechtsextremistisch motivierte Straftaten zum überwiegenden Teil aus Meinungsäußerungen bestehen. Hier legt das System also besonders die Daumenschrauben an, ist es doch das einzige wirksame Mittel, uns beizukommen. Im Vergleich dazu lesen wir auf Seite 29 über die Gewalt von linker Seite, daß es 2015 ganze 1608 Gewalttaten, 2016 jedoch nur noch 1201 Gewalttaten gab. Angesichts der G20-Ausschreitungen und der 1. Mai-Demonstrationen mutet diese Zahl beinahe verklärend an. Tatsächlich werden in polizeilichen Statistiken verfälschende Faktoren eingebaut. So kann es z.b. vorkommen, daß exzessive Gewaltorgien zu einer einzigen Straftat zusammengefaßt werden. Bei rechter Gewalt geht man in die genau entgegengesetzte Richtung. Brandenburgs Ministerpräsident Dietmar Woidke (SPD) erklärte im Inforadio des rbb, in Brandenburg habe es hinsichtlich der Erhebung rechtsextremer Straftaten Änderungen gegeben: „Bei der Polizei wird jeder Übergriff, bei dem nicht erwiesen ist, dass er keine rechtsextreme Motivation hat, in die Statistik hineingezählt."[7]

Dieser kleine Exkurs soll genügen, um zu zeigen, wie es um die Meinungsfreiheit in diesem System bestellt ist. Unter diesem Gesichtspunkt wird es für uns immer schwieriger, sich im immer kleiner werdenden Rahmen des Sagbaren auszudrücken, ohne mit dem Strafgesetzbuch in Konflikt zu geraten. Das kenne ich persönlich aus der eigenen musikalischen Praxis. Wenn ein neues *Stahlgewitter*-Album in Arbeit ist, werden zeitweise bis zu drei Anwälte konsultiert, die unsere Texte auf strafrechtliche Relevanz überprüfen. Denn was der eine Anwalt für unbedenklich hält, kann der andere schon als strafbar erachten, da ihm ein Urteil bekannt ist, wo jemand wegen gerade solch einer Aussage verurteilt wurde. Trotz dieser Vorsichtsmaßnahmen stehen dennoch fast alle unsere Alben auf dem Index. Wo Willkür herrscht, gibt es keine Rechtssicherheit. Das Abstammungsprinzip (ius sanguinis) war beispielsweise jahrzehntelang ein unbestrittenes Element der deutschen Rechtsordnung. Heute wird dieses Bekenntnis als verfassungswidrig eingestuft. Im Umkehrschluß bedeutet das nichts anderes, als daß die BRD aus heutiger Sicht jahrzehntelang

---

[7] https://www.achgut.com/artikel/maerchenland_brandenburg_verfaelschte_polizeistatistik

„menschenverachtendes Gedankengut" gesetzlich verankert hat. Trotz aller juristischen Schwammigkeit und der Anwendung gewisser Gummiparagraphen zu unseren Ungunsten ist es unser Ziel, das Risiko strafbarer Äußerungen so niedrig wie möglich zu halten. Unüberlegte und unbeherrschte Äußerungen können sehr schnell sehr teuer werden und enden im Vergeuden von finanziellen und menschlichen Ressourcen. Im Zweifelsfall sollte daher unbedingt ein Anwalt konsultiert werden, um zumindest grobe Verstöße auszuschließen. Um es noch einmal zu wiederholen: Eine hundertprozentige Rechtssicherheit gibt es nicht, da Staatsanwaltschaft und Jugendschutz alles nach Belieben auslegen und interpretieren können. Es geht lediglich darum, offensichtliche Verstöße von vornherein auszuschließen.

Um so wichtiger ist es, unser bereits besetztes Terrain zu verteidigen und Feuer mit Feuer zu bekämpfen. Jeder kennt den Umstand, daß völlig legale Äußerungen auf Facebook und YouTube gelöscht oder in der Reichweite eingeschränkt werden. In der Regel gehen die Betreiber dieser Plattformen davon aus, daß sich die Betroffenen gegen das gegen sie begangene Unrecht nicht zur Wehr setzen und diese Disziplinierungsmaßnahmen für politisch unzuverlässige Zeitgenossen einfach hinnehmen. Wenn eine Anetta Kahane von staatlichen Stellen dazu berufen wird, Inhalte auf Facebook auf strafrechtliche Relevanz zu überprüfen und gegebenenfalls Löschungen vorzunehmen, brauchen wir uns über die offensichtliche Aushöhlung der Meinungsfreiheit, einseitige Löschungen und ideologisch aufgeladene Debatten nicht zu wundern. Gewalt- und sogar Mordaufrufe von seiten Linksextremer gegen Mitglieder der AfD oder Repräsentanten des Nationalen Widerstandes scheinen hingegen ebensowenig gegen sogenannte Standards der Facebook-Gemeinschaft zu verstoßen wie Mordaufrufe islamistischer Fundamentalisten gegen Ungläubige. Auf der anderen Seite reicht schon die Verwendung des Begriffes Neger, um Inhalte für immer verschwinden zu lassen und Benutzerkonten für 30 Tage zu sperren. Was Recht ist, bestimmen diejenigen, die die Macht dazu haben.

Erschwerend kommt die schlechte Erreichbarkeit dieser Plattformen bei Kundenbeschwerden hinzu. Wir können davon ausgehen, daß diese Hürde mit Kalkül und vor dem Hintergrund der Abschreckung vor zu viel Widerstand installiert wurde. Demoralisierung ist eine effektive Waffe der psychologischen Kriegsführung. Hier muß von unserer Seite aus ein radikales Umdenken stattfinden. Es wurden bereits entgegen dem Trend der Meinungszensur erfolgreich auf juristischem Wege Löschungen von Facebook-Profilen und -Kommentaren rückgängig gemacht. So z.b. die Facebook-Seite „Deutschland mon amour" des mutigen Islamkritikers Imad Karim. Der unter anderem für Medien- und Presserecht tätige Rechtsanwalt Joachim Nikolaus Steinhöfel dokumentiert auf seiner „Wall of shame"[8] zu Unrecht gelöschte Beiträge und konnte bereits mehrfach durch sein juristisches Eingreifen gelöschte Inhalte wieder verfügbar machen.

Persönlich konnte ich ebenfalls schon kleine Siege verbuchen. Nach meiner Intervention bezüglich der Sperrungen meiner ersten neun YouTube-Videos für den deutschsprachigen Raum wurde kein weiteres Video in seiner Reichweite eingeschränkt. Den Hergang habe ich in „Der dritte Blickwinkel-Folge 10: Not und Tugend" dokumentiert. Dazu bin ich in die Offensive gegangen und habe dadurch Druck erzeugt, indem ich über meine Netzwerke diesen skandalösen Sachverhalt öffentlichgemacht und meinen Zuschauern freigestellt habe, selbst bei YouTube einmal nachzufragen, in welchen meiner Videos sogenannte Haßreden zu finden seien. Es bestünde durchaus die Möglichkeit, daß ein anderer Fragesteller mehr erreichen würde als ich. Genau diese inflationär benutzte Anschuldigung, die eben erwähnte Haßrede, wurde mir zur Last gelegt. Juristisch ist dieser Begriff sehr fragwürdig, da nirgends genau definiert ist, was Haßrede eigentlich auszeichnet. Abgesehen davon liegt mir jedoch nichts ferner, als Haß zu säen, was jeder bezeugen kann, der meine Videos kennt. Die Defätisten, die der Meinung sind, daß so etwas gar nichts bringe und nur sogenannte Bots vorgenerierte Antwortnachrichten auf die gestellten Anfragen verschicken, wurden eines Besseren belehrt. Denn die Aktion hatte nun mal den meßbaren Erfolg, daß im Anschluß an diese Aktion kein einziges meiner Videos mehr gesperrt wurde. Wie ist dies anders zu werten als ein Erfolg dieser Protestaktion?

Ein weiterer Versuch von YouTube war die kurzzeitige Löschung eines meiner Videos, welches ich am 15. Januar 2018 hochgeladen habe. Am 18. Januar bekam ich folgende wenig schmeichelhafte Nachricht:

---
[8] https://facebook-sperre.steinhoefel.de/

„Dein Video ‚Der dritte Blickwinkel – Folge 20: Rück- und Ausblicke' wurde zur Überprüfung gemeldet. Bei der Überprüfung haben wir festgestellt, dass dein Video gegen unsere Richtlinien verstößt. Deshalb haben wir dieses Video entfernt. Außerdem hat dein Konto eine Verwarnung wegen der Verletzung unserer Community-Richtlinien bzw. vorübergehende Strafe erhalten."

Da ich mich zu der Löschung äußern konnte, bat ich kurz und knapp um eine deutsche Adresse für meinen Anwalt, an die meine Anzeige wegen Verleumdung geschickt werden kann. Nach ungefähr zwei Stunden war das Video ohne irgendeinen Hinweis wieder verfügbar. Selbstverständlich sind das kleine Erfolge, die schnell mit der kompletten Kanallöschung wieder obsolet erscheinen würden. Doch Jammern und Nichtstun sind keine Lösung. In diesem Fall müssen wir hartnäckig sein und für jeden gelöschten Kanal einen neuen aufmachen. Nicht nur auf einer Videoplattform, sondern gleich auf mehreren. Als alternative Plattform für viele verfolgte und gelöschte YouTuber hat sich BitChute.com herauskristallisiert.

So, wie es sich in den sozialen Netzwerken herumspricht, daß der Widerstand gegen derlei Willkürakte wächst und immer öfter Erfolg hat, so spricht es sich ebenso in den Chefetagen besagter Firmen wie Facebook und YouTube herum. Genau da legen wir den Finger in die Wunde. Lautstärke und Öffentlichkeit sind die Werkzeuge unserer Gegner, mit deren Hilfe sie ihre dreisten Forderungen durchsetzen. Diese Werkzeuge müssen wir uns ebenfalls zunutze machen. Wir müssen anfangen, uns zu beschweren, auch wenn es eher unsere Art ist, schweigend zu kämpfen. Laßt uns daher laut und fordernd sein.

Wenn wir uns die gewünschten Plattformen geschaffen haben, auf denen wir ohne Verdrehungen und Verfälschungen unsere Sicht der Dinge mitsamt unseren Standpunkten zu den brennenden Fragen der Zeit präsentieren und vermitteln können, kommt es auf die Präsentation an. Die Inhalte sollten ohne übertriebene emotionale Ausbrüche vorgetragen und stichhaltig recherchiert werden. Quellenangaben dienen zur eigenen Absicherung. Gerade in Zeiten von Fakenews, also bewußt gestreuten Falschmeldungen, sollte man lieber zweimal die Suchmaschine nutzen und nachprüfen, ob das angeblich Gesagte auch tatsächlich gesagt wurde. Auch dann, wenn es der zugeschriebenen

Person wie auf den Leib geschneidert erscheint, heißt das noch lange nicht, daß die entsprechenden Passagen wirklich gefallen sind. Es ist Jahre her, da habe ich ein angebliches Zitat von Jürgen Trittin gerne genutzt. Mit Quellenangabe eines Mainstream-Nachrichtenmagazins wurde er mit den Worten zitiert: „Deutschland verschwindet jeden Tag immer mehr und das finde ich einfach großartig." Als angebliche Quelle wurde die *Frankfurter Allgemeine Sonntagszeitung* vom 2. Januar 2005 angegeben. Niemand würde bei einer Person wie Jürgen Trittin ernsthaft anzweifeln, daß er diese Worte tatsächlich verwendet hat. Durch Zufall, nämlich, als ich für ein Interview nach dem genauen Wortlaut gesucht habe, bin ich auf die Netzseite von Herrn Trittin gestoßen. Dort drohte er mit einer Verleumdungsklage gegen jeden, der dieses Schwindelzitat verwenden würde, da diese Aussage niemals gefallen sei. So kann man sich aufs Glatteis führen lassen. Ein weiteres Beispiel, wie sich falsche Zitate wie ein Lauffeuer verbreiten, ist das häufig verwendete Zitat von Thomas Barnett: „Das Endziel ist die Gleichschaltung aller Länder der Erde. Sie soll durch die Vermischung der Rassen herbeigeführt werden. Mit dem Ziel einer hellbraunen Rasse in Europa. Hierfür sollen in Europa jährlich 1,5 Millionen Einwanderer aus der Dritten Welt aufgenommen werden. Das Ergebnis ist eine Bevölkerung mit einem durchschnittlichen IQ von 90, zu dumm, um zu begreifen, aber intelligent genug, um zu arbeiten." Als angebliche Quellen wurden, wenn überhaupt, wahlweise die beiden Bücher *Blueprint for action* oder *The Pentagon's new map* angegeben. Tatsache ist, daß dieses Zitat dort aber gar nicht zu finden ist. Auch wenn diese gerade genannte Passage vielleicht tatsächlich den Wünschen dieses Protagonisten entspricht, ist es unseriös, diese zu verwenden und zu verbreiten. Denn Zitate sind bekanntlich erst dann Zitate, wenn sie von der entsprechenden Person auch tatsächlich ausgesprochen wurden. Alles andere sind Mutmaßungen oder Unterstellungen, ja sogar Verleumdungen.

Wenn wir solche falschen Zitate verwenden und deren Falschheit bestätigt wird, müssen wir die Größe besitzen, diesen Fehlgriff zuzugeben. So habe ich in einem Video mit Nana Domena aus unserer Reihe „Multikulti trifft Nationalismus" solch einen Fehlgriff öffentlich gemacht, da ich das eben genannte Barnett-Zitat in einer vorherigen Folge selbst verwendet hatte. Gestehen wir diese Fehler nicht ein, machen wir uns angreifbar, und unsere Gegner werden diesen Umstand gegen uns verwenden. Zumal nichts dabei ist und es von Aufrichtigkeit und Ehrlichkeit zeugt, eigene Fehlgriffe im Zeitalter der Desinformationen als das zu bezeichnen, was sie sind. Dadurch halten wir gleichzeitig die argumentative Angriffsfläche für unsere Gegner klein. Mutmaßungen und Unterstellungen haben wir nicht nötig, da es genug echte Bekenntnisse gibt, in denen die Architekten der Neuen Weltordnung ihre Vorhaben freiwillig entschleiern und bloßstellen. So dürfte folgende Aussage von Barbara Lerner Spectre bekannt sein, einer Jüdin US-amerikanischer Herkunft und Gründungsdirektorin von *Paideia – The European Institute for Jewish Studies in Sweden (Europäisches Institut für Jüdische Studien in Schweden)*. Dabei reicht es, den Namen der Dame in der Suchzeile einzugeben: „Ich denke, daß es ein Wiederaufleben des Antisemitismus gibt, weil Europa zu diesem Zeitpunkt noch nicht gelernt hat, multikulturell zu sein, und ich denke, wir werden ein Teil der Geburtswehen dieser Transformation sein, die stattfinden muß. Europa wird nicht die monolithischen Gesellschaften sein, wie sie es einst im letzten Jahrhundert waren. Juden werden im Zentrum dessen stehen. Es ist eine riesige Transformation für Europa. Sie gehen jetzt in einen multikulturellen Modus über, und man wird einen Groll gegen die Juden haben wegen unserer führenden Rolle, aber ohne diese Führungsrolle und ohne diese Umwandlung wird Europa nicht überleben."[9]

Warum im Gegensatz zu Europa Israel auf diese multikulturelle Transformation verzichten kann, um weiterzuexistieren, verrät uns Frau Spectre leider nicht. In die gleiche Kerbe schlägt Yascha Mounk, ein in Deutschland lebender Politikwissenschaftler und Dozent an der *Harvard University* in Boston. In den ARD-*Tagesthemen* vom 20. Februar 2018 überraschte uns Herr Mounk beim Thema Massenzuwanderung mit folgenden offenen Worten:

„...daß wir hier ein historisch einzigartiges Experiment wagen und zwar eine monoethnische, monokulturelle Demokratie in eine multiethnische zu verwandeln. Das kann klappen, das wird glaube ich

---

9 https://morgenwacht.wordpress.com/2015/08/04/barbara-lerner-spectre-ohne-multikulturalismus-wird-europa-nicht-ueberleben/

auch klappen, aber dabei kommt es natürlich auch zu vielen Verwerfungen."
Massenvergewaltigungen, Terroranschläge, Morde und die Auslöschung der indigenen Europäer sind also nichts weiter als Verwerfungen eines Experiments. Interessant gewesen wäre es zu erfahren, wen genau Herr Mounk mit „wir" meint, die dieses Experiment wagen. Sinngemäß dasselbe sagte Yascha Mounk bereits am 26. September 2015 dem *Spiegel*.[10] Auf die Frage, was der Zustrom von hunderttausenden Muslimen nach Deutschland für deutsche Juden bedeuten würde, erklärt er: „Ich hoffe auf ein Deutschland, in dem ich meine jüdische Herkunft erwähnen kann, ohne nur als Jude wahrgenommen zu werden – so wie es mir als Kind meist ergangen ist. Wenn Deutschland multiethnischer wird, könnte sich das ändern. Ein Deutschland, in dem sich Juden wohlfühlen, ist ein Deutschland, in dem sich auch Muslime wohlfühlen." Die deutsche Ethnie soll also dafür geopfert werden, daß sich Juden und daraus resultierend auch Muslime in unserem Land wohlfühlen können. Um zu erkennen, daß diese Aussage gar keinen Sinn ergibt, reicht ein Blick auf die Netzseite der *Jüdischen Allgemeinen*. Unter der Überschrift „Auszug aus Antwerpen" vom 19. August 2010 lesen wir Näheres über die Gründe, warum Juden die Stadt an der Schelde verlassen. Neben dem sinkenden jüdischen Anteil am Diamantengeschäft gibt es ganz klare Sicherheitsbedenken. Alexander Zanzer, Direktor der jüdischen Wohlfahrtsorganisation *De Centrale*, erklärt es im besagten Artikel wie folgt:
„Die jüdische Gemeinschaft fühlte sich extrem sicher in Antwerpen. Außerdem war es eine prosperierende Umgebung.' Beides trifft heute nicht mehr zu. Wie in vielen anderen westeuropäischen Großstädten machen muslimische Einwohner auch in Antwerpen dort lebende Juden für den Nahostkonflikt verantwortlich. Während des Gazakriegs erreichten Drohungen und Übergriffe einen traurigen Höhepunkt. Die starke öffentliche Präsenz jüdischen Lebens in Antwerpen bietet Fundamentalisten ein leichtes Ziel." Die Frage bleibt offen, warum Herr Mounk sich zu solch einer Aussage hat hinreißen lassen, dürften diese Fakten ihm doch sicherlich bekannt sein. Eine

---

10 http://www.spiegel.de/spiegel/print/d-139000005.html

Möglichkeit wäre, dem komplexbeladenen Bundesbürger bei seinem Wegsterben noch ein möglichst gutes Gewissen zu bescheren und ihn darin zu bestärken, daß sein würdeloses Dahinsiechen einem angeblich höheren Ziele dienen kann, nämlich der Versöhnung von Juden und Moslems. Wie herzzerreißend.

Zumindest spart sich Herr Mounk dankenswerterweise bei seinem Plausch mit *Spiegel-Online* ehrlicherweise jeglichen humanistisch-moralischen Deckmantel und bringt den Kern der Sache auf den Punkt: „Vor allem geht es um mehr als ein kurzes, fremdenfreundliches Sommermärchen. In Westeuropa läuft ein Experiment, das in der Geschichte der Migration einzigartig ist: Länder, die sich als monoethnische, monokulturelle und monoreligiöse Nationen definiert haben, müssen ihre Identität wandeln. Wir wissen nicht, ob es funktioniert, wir wissen nur, dass es funktionieren muss." Seltsamerweise fällt kein Wort über Flüchtlinge, Kriegsopfer oder notleidende Menschen, denen wir doch aus ihrer schlimmen Situation heraushelfen müssen oder sogar selbst für deren Leid verantwortlich sind. So zumindest erklären uns die demokratischen Politiker ihr gottähnliches Handeln im Namen eines konfusen Menschheitsbegriffes und einer angeblichen moralischen Verpflichtung. Es sind nichts anderes als Ablenkungsmanöver, Nebelkerzen und Beruhigungspillen, um größenwahnsinnige Menschenversuche durchführen zu können. Mitstreitern, die schon tiefer in die Materie eingedrungen sind, sind die Pläne eines Hooton, Kaufman oder Coudenhove-Kalergi sehr wohl bekannt. Diese werden im Mainstream immer als Verschwörungstheorie oder als reine Phantasiegebilde abgetan, die niemals von den Alliierten umgesetzt wurden. Herr Yascha Mounk hat uns nun eines Besseren belehrt. Diese Offenheit sollten wir erst einmal sacken lassen.

Ebenso können wir auf die sogenannte „Replacement Migration"[11] der Vereinten Nationen hinweisen. Vordergründig geht es darum, die Zahl der Erwerbsfähigen konstant zu halten, da angeblich nur so unser Wohlstand gesichert sei. Bei mehreren Millionen Arbeitslosen und dem Import zumeist minder- bis gar nicht qualifizierter Menschen macht diese Forderung jedoch keinen Sinn. Dennoch läßt man uns

---

11 http://www.un.org/esa/population/publications/migration/execsumGerman.pdf

durch besagtes Papier wissen: „Der prognostizierte Bevölkerungsrückgang und -alterungsprozess wird tiefgreifende und weitreichende Folgen haben und die Regierungen zwingen, zahlreiche überkommene Maßnahmen und Programme im wirtschaftlichen, sozialen und politischen Bereich, so auch soweit sie die Zuwanderung aus dem Ausland betreffen, neu zu bewerten." Man kann davon ausgehen, daß es eher darum geht, Konsumenten für die Erzeugnisse der Großindustrie zu generieren als darum, den Wohlstand des deutschen Volkes zu erhalten. Es geht dem internationalen Kapital einzig und alleine um einen wachsenden Absatzmarkt für seine Waren.

Selbstverständlich soll die persönliche Bereicherung einiger weniger ebenfalls angesprochen werden. Nur ein naiver Mensch wird heute noch dem Irrglauben erliegen, daß das Großkapital seine Gewinne mit dem gemeinen Volk teilen würde. Gewinne werden in der Regel personalisiert, die durch Mißwirtschaft verursachten Verluste hingegen vergemeinschaftet und somit dem Steuerzahler zur Last gelegt. Das kann man den Europäern natürlich nicht so offen sagen, weswegen man die Migrationsagenda in möglichst moralisch hochtrabende Worthülsen verpackt und immer wieder an das Mitgefühl angeblich Benachteiligter appelliert. Bei der Frage, ob die angebliche Benachteiligung und die schlechteren Lebensumstände vielleicht im Zusammenhang mit dem eigenen verantwortungslosen Lebensstil stehen könnten, hier sei nur die hemmungslose Überbevölkerung genannt, herrscht betretenes Schweigen. Stichhaltige Beweise zu gewissen Äußerungen und Vorhaben sind für uns, wie wir gerade gesehen haben, reichlich vorhanden.

Zurück zu unserer Außendarstellung. Beleidigungen und plumpe Ausdrücke sind zu unterlassen. Wir wollen nicht dem Bild der Feindpresse vom rechten Schreihals entsprechen, sondern seriös, authentisch und beherrscht auftreten. Gegen eine gesunde Portion an Provokation, Sarkasmus und eine spitze Zunge ist hingegen nichts einzuwenden. Aufklärung wird am effektivsten ohne Schaum vor dem Mund betrieben. Dabei kann es nie schaden, dem Gegner über die Schulter zu schauen und die gängige Praxis beim Thema Propaganda zu kennen. Lord Arthur Ponsonby (1871-1946), britischer Politiker und Friedensaktivist, ist unter anderem für die Aussage bekannt, daß das erste Opfer des Kriegs die Wahrheit ist („When war is declared, truth is the first casualty"). In seinem 1928 veröffentlichten Buch *Falsehood in Wartime (Lüge in Kriegszeiten)* versuchte Ponsonby auch die Strukturelemente dieser Lügen und Fälschungen am Beispiel des Ersten Weltkriegs zu beschreiben. Selbstverständlich läßt sich diese Art der Propaganda auf jeden Konflikt übertragen. Folgende Standpunkte macht sich der geschickte Kontrahent zu eigen:

1. *Wir wollen keinen Krieg!*
2. *Der Gegner ist allein für den Krieg verantwortlich!*
3. *Der Führer des feindlichen Lagers wird dämonisiert.*
4. *Wir verteidigen ein edles Ziel und keine persönlichen Interessen!*
5. *Der Feind begeht wissentlich Grausamkeiten, wenn wir Fehler machen, geschieht dies unbeabsichtigt.*
6. *Der Feind benutzt unerlaubte Waffen.*
7. *Wir erleiden wenige Verluste, die Verluste des Feindes sind erheblich.*
8. *Anerkannte Kulturträger und Wissenschaftler unterstützen unser Anliegen.*
9. *Unser Anliegen hat etwas Heiliges.*
10. *Wer unsere Propaganda in Zweifel zieht, arbeitet für den Feind und ist damit ein Verräter.*

Einige dieser Punkte finden wir täglich in den Massenmedien wieder, in denen uns suggeriert wird, daß z.B. die Masseneinwanderung per se etwas Gutes sei und nur ein paar rückständige und unverbesserliche Bösewichte dieses edle und moralisch überlegene Ziel wahrer Menschlichkeit in Form von Nationalismus und Rassismus verhindern wollen. Wir wissen: Nichts ist unwahrer als diese Behauptung.

Nun stellen wir uns vor, wie erfolgreich wir wären, hätten wir die gleichen Möglichkeiten, unseren Standpunkten Gewicht zu verleihen, wie unsere Gegner. Diese ungeheure Reichweite der Massenmedien, mit deren Hilfe wir keine Lügen und Halbwahrheiten verbreiten würden, sondern unsere auf Fakten basierende Wahrheit? Ich schreibe bewußt „unsere Wahrheit", denn diese ist nicht universell, da es immer im Auge des Betrachters liegt, Begebenheiten zu bewerten und einzuordnen. Die hereinströmenden Fremden haben ihre ganz eigenen Wahrheiten, resultierend aus einer anderen Moral und einem anderen Werteverständnis. Aus deren Sicht scheint es vollkommen legitim, den Lebensraum und den Wohlstand eines geschwächten Volkes zu beanspruchen, das sie regelrecht dazu einlädt. Da helfen keine rationalen Argumente, da es um nichts anderes als die Machtfrage geht. Deswegen wird es mit ihnen, bis auf wenige Ausnahmen, kein friedliches Zusammenleben geben können, ehe wir uns ihnen nicht voll und ganz unterworfen haben. Doch das wird niemals geschehen. Unsere Wahrheit besteht darin, daß unsere Heimat unser angestammter Lebensraum ist und unsere Kultur Ausdruck unserer Seele. Beides werden wir nicht kampflos aufgeben oder einem Gewaltfrieden opfern, bis von uns nichts mehr übrig ist. Das ist der unüberbrückbare Interessenskonflikt zwischen uns Einheimischen und den Fremden, der von den Herrschenden geschaffen wurde, um unter anderem das Teile-und-herrsche-Prinzip in Perfektion anwenden zu können. Ein ethnischer Flickenteppich läßt sich leichter gegeneinander ausspielen und dadurch die eigene Macht ausbauen, als das mit einem homogenen Volk möglich wäre. So wie wir unser Land und unsere Lebensart bewahren wollen, so gestehen wir dieses Recht auch jedem anderen Volk zu. Nämlich dort, wo dieses seinen natürlichen Lebensraum hat. Alles andere wäre eine Form von Imperialismus, den wir als Nationalisten oder Patrioten voll und ganz ablehnen. Wir lehnen diese Denkart zur Gänze ab, egal, ob sie als missionierende Islamisierung oder Demokratisierung daherkommt. Wir sind das genaue Gegenteil der gewollten menschlichen Gleichschaltung und der Garant wahrer Vielfalt auf kultureller und biologischer Ebene. Selbst der oft ins Feld geführte Weltfrieden ist mit homogenen und auf Augenhöhe liegenden Nationalstaaten eher zu erreichen als mit Konstrukten, die auf Grund ihrer Heterogenität ständig am Rande eines Bürgerkrieges stehen.

Ohne unsere selbstgeschaffenen Plattformen sind wir den Launen sogenannter Journalisten und Redakteure ausgeliefert, die leider nur selten um Objektivität oder Neutralität bemüht sind. Vielmehr sollen Inhalte nicht neutral vermittelt, sondern Meinungen transportiert werden. Daher müssen wir zwei wesentliche Dinge unterscheiden. Zum einen die öffentliche Meinung und zum anderen die veröffentlichte

Meinung. Der Unterschied besteht darin, daß erstere die tatsächlich im Volk vorherrschende Meinung repräsentiert, während letztere die von den Herrschenden erwünschte Gesinnung simuliert. Dem Volk soll mit Hilfe der Massenmedien möglichst glaubhaft versichert werden, daß sich die veröffentlichte Meinung mit der öffentlichen deckt. Abweichler sollen dadurch entweder zum Schweigen oder auf Linie gebracht werden, indem man ihnen einredet, sie würden einer von der Mehrheit verachteten Minderheit angehören. Dafür werden selektiv ausgewählte Beiträge in Reportagen eingebaut, in denen angeblich oder tatsächlich zufällig befragte Menschen ihre Meinungen zu gewissen Themen äußern, die mit dem vorherrschenden politischen Kurs kongruent, also deckungsgleich, sind. Kritische Stimmen werden hingegen aussortiert und so der Eindruck erzeugt, daß der eingeschlagene Kurs der Regierung von einer breiten Öffentlichkeit mitgetragen wird.

Zusätzlich kann das System auf sogenannte gesellschaftlich relevante Gruppen wie Kirchen und Gewerkschaften bauen, die ihre Mitglieder zu medienwirksam inszenierten Veranstaltungen karren und ebenfalls auf diese Weise breite Akzeptanz für diese oder jene politische Agenda simulieren. Sogenannte Talkshows sind das Tüpfelchen auf dem i und präsentieren Scheindebatten mit angeblich konkurrierenden Meinungsträgern, die nach stundenlangen Debatten zu dem Ergebnis kommen, daß man doch nichts ändern kann und die Opposition die Regierung eh daran hindert, geeignete Maßnahmen zu treffen, um das Ruder herumzureißen.

Das ungleiche Kräfteverhältnis zwischen Mainstream und alternativen Medien ist enorm. Die wenigsten Betreiber alternativer Kanäle dürften einen George Soros in der Hinterhand haben, der sie mit Unmengen an finanziellen Mitteln ausstattet. Ebenso bekommen wir keine GEZ-Finanzierung, obwohl gerade das diese illegale Zwangssteuer legitimieren würde. Denn so gäbe es tatsächlich eine echte Vielfalt an Medien, die sich in Ansichten und Ausrichtungen unterscheiden würden. Doch genau das ist nicht gewollt. Somit liegt es an uns, die uns zur Verfügung stehenden Mittel zu nutzen und effektiv einzusetzen. Jeder Einzelne muß seinen Möglichkeiten entsprechend handeln. Sei es, selbst aktiv zu werden oder die Aktiven nach Kräften zu unterstützen. Mit relativ geringem Aufwand kann man durchaus professionell arbeiten. Eine gute Videokamera samt Ansteckmikro bekommt man bereits für wenige hundert Euro. Fähigkeiten der Videobearbeitung eignet man sich entweder selber an oder man kann auf Mitstreiter zurückgreifen, die sich damit auskennen. Wer selber keine Videos produzieren möchte oder wem das Schreiben nicht liegt, sollte bei der Verbreitung alternativer Medien mithelfen. Alternative Medienprojekte leben vom Mitmachen und von der aktiven Unterstützung der Zuschauer und Leser. Das Teilen und Verbreiten dieser alternativen Medienprojekte in sozialen Netzwerken, im Freundes- und Bekanntenkreis sollte daher das mindeste sein, was jeder beisteuert.

Mein persönlicher Beitrag zu dieser Gegenöffentlichkeit ist der Videoblog *Der dritte Blickwinkel*. Darin bespreche ich weltanschauliche Themen und die Auswüchse einer multirassischen Gesellschaft. Die Reaktionen aus dem eigenen Lager sind erfreulicherweise durchgängig positiver Natur. Es wurde sich jedoch vereinzelt daran gestoßen, daß ich als Logo ein Auge verwende. Dieses sei Freimaurersymbolik, weswegen mir in einigen wenigen Härtefällen unterstellt wurde, ich sei ein Geheimagent der Neuen Weltordnung. Einige Verschwörungstheorien mögen sicherlich ihre Berechtigung haben – in diesem Fall sind sie jedoch vollkommen unbegründet. Als ich im Jahre 2010 mit meinem Projekt begonnen habe, fiel mir beim Namen *Der dritte Blickwinkel* aus völlig profanen und naheliegenden Gründen das Sehorgan ein. Womit wirft man einen Blick? Mit den Augen. Selbstverständlich kann ich meine Wahl für das Auge als Logo mythologisch ausbauen. Denn es war eines seiner Augen, welches Odin dem Riesen Mimir als Pfand gegeben hat, um Weisheit und Erkenntnis zu erlangen. Ebenso finden wir die Augensymbolik als Sinnbild für verborgenes Wissen in vielen Kulturen. Sei es Shivas drittes Auge in Indien, Buddhas All-Sehendes Auge oder das Auge des Horus in Ägypten. Sich dabei nur auf die Freimaurerei zu beziehen, greift eindeutig zu kurz. Ebenso halte ich es für falsch, etwas nur nicht zu benutzen, weil es der Gegner vereinnahmt hat. Aus diesem Grunde werde ich selbstverständlich weiterhin das Auge als Logo verwenden. Zwar nicht ausschließlich, dennoch kontinuierlich. Vielleicht gibt es sogar Freimaurer, die sich mehr darüber ärgern als so mancher Mitstreiter. Symbole kann schließlich jeder kapern.

Und warum ausgerechnet der *dritte* Blickwinkel? Hier wird es philosophisch. Jeder kennt die zwei Seiten einer Münze. Es gibt aber noch eine dritte, kaum beachtete Seite: nämlich den schmalen Rand, an dem beide Seiten zusammenstoßen. Obwohl mein Projekt eine klare Parteiergreifung für unser Volk und seine Interessen darstellt, geht es mir dabei keineswegs um plumpe, einseitige Stimmungsmache. So weise ich des öfteren in meinen Beiträgen darauf hin, daß nicht „der Ausländer" unser Feind ist, sondern daß das herrschende System „den Ausländer" als Werkzeug mißbraucht, um die eigene Agenda durchzupeitschen. Bei dem tödlichen Spiel der Massenmigration von raum- und kulturfremden Menschen gibt es in der Tat bis auf die Hochfinanz als kleine, asoziale, aber machtvolle Randgruppe nur Verlierer. Das sei hier nochmals in aller Deutlichkeit gesagt. Diese Weisheit ist in unseren Kreisen durchaus präsent. Doch wir können den wankelmütigen und unbedarften Außenstehenden nicht oft genug unsere Rationalität und Sachlichkeit vor Augen führen. Wir wissen, wer die Völker der Welt gegeneinander aufhetzt, und wir wissen sehr wohl zwischen Ursache und Wirkung zu unterscheiden. Das soll mit *Der dritte Blinkwinkel* gemeint sein: Das Wissen um die Wahrheit zwischen den Zeilen.

Erwähnenswert sei an dieser Stelle die Entwicklung meines Projektes. Angefangen habe ich mit *Der dritte Blinkwinkel* 2010 als Blog auf der Plattform Wordpress.com. Es gab eher sporadisch in unregelmäßigen Abständen einen Artikel. Intensiviert wurden meine Aktivitäten erst im Jahre 2016. Grund dafür war mein Videoprojekt mit Nana Domena, einem Einwanderer aus Ghana, mit dem ich das Projekt „Multikulti trifft Nationalismus" ins Leben gerufen habe. Daß sich jemand in diesen schnellebigen Zeiten eher ein 15minütiges Video anschaut, als daß er sich mit einem langen Text auseinandersetzt, ist keine bahnbrechende Erkenntnis. Aus diesem Grund fing ich ab diesem Zeitpunkt an, meine Weltanschauung im Videoformat zu präsentieren. Das Angebot, solch ein Videoprojekt umzusetzen, machte mir übrigens geraume Zeit vorher ein Mitstreiter. Dieser verfügte über die nötige Technik und bot sich von selbst an, mich bei diesem Vorhaben zu unterstützen, sollte ich auf ein Videoformat umschwenken wollen. Nachdem ich durch mein Videoprojekt mit Nana Domena sowieso einer breiten Öffentlichkeit bekannt war, war es nur noch ein kleiner Schritt. Die Macht der Medien und der bewegten Bilder ist unbestritten und der Einfluß auf das Denken, Fühlen und Handeln der Menschen immanent. Solange die Medien eines Systems gleichgetaktet sind und ohne störende Abweichungen ihre Propaganda über alle ihnen zur Verfügung stehenden Kanäle senden können, bleibt der Status Quo erhalten. Wenn jedoch Skepsis und Zweifel wachsen, die aufgebaute Fassade bröckelt und die Alltagsrealität nicht mehr mit den bunten Bildern übereinstimmt, die man den Menschen rund um die Uhr präsentiert, dann beginnt sich der Blickwinkel zu verändern. Und wenn sich der Blickwinkel verändert, wird alles möglich.

Mein persönlicher Saitensprung

„Das sind die Weisen, die durch Irrtum zur Wahrheit reisen.
Die bei dem Irrtum verharren, das sind die Narren."

Friedrich Rückert (1788 - 1866)

Es folgt die ungekürzte Version der bereits erwähnten Befragung meiner Person, die das *Saitensprung*-Magazin Anfang 2011 mit mir geführt hat. Im Juni 2011 hat es schlußendlich leider nur eine sehr verkürzte und blutleere Version in die Printausgabe des besagten Magazins geschafft. Das *Saitensprung*-Magazin wird vom *Institut für Journalistik und Kommunikationsforschung* der *Hochschule für Musik, Theater und Medien Hannover* herausgegeben. Da ich kein Freund von Zeit- und Energieverschwendung bin und meiner Meinung nach gerade meine eindeutigsten Aussagen weggelassen wurden, hatte ich mich damals kurzerhand dazu entschlossen, die komplette Befragung auf meinem Blog *Der dritte Blickwinkel* zu veröffentlichen. Die Reaktionen waren grandios. So reichte das Echo tief in die etablierte Medienlandschaft.

Am 23. Juni 2011 war auf der Netzseite des *Focus* unter der Überschrift „Wissenschaftsministerium kritisiert Interview"[12] zu lesen, daß sich das Wissenschaftsministerium aus Hannover eingeschaltet hat und eine Stellungnahme der Hochschule forderte. Man beschwerte sich darüber, daß „radikale Positionen ein ungefiltertes Forum finden", so ein Ministeriumssprecher gegenüber der Nachrichtenagentur dapd. Am selben Tag traf die *taz* mit der Schlagzeile „Entlarvung fehlgeschlagen"[13], ebenfalls auf deren Netzpräsenz veröffentlicht, den Nagel auf den Kopf. Dort wußte man Folgendes zu berichten: „Das Cover ziert ein Musiker mit Irokesenschnitt. Auf Seite 8 des Saitensprung, des Magazins der hannöverschen (sic!) Hochschule für Musik, Theater und Medien, prangt dann auf einem nackten Oberarm die Schwarze Sonne – ein mancherorts beliebtes Tattoomotiv, entlehnt ei-

---

12 https://www.focus.de/panorama/vermischtes/stahlgewitter-wissenschaftsministerium-kritisiert-interview_aid_639503.html
13 http://www.taz.de/!5117975/

nem Bodenmosaik der SS aus der Wewelsburg bei Paderborn. Mit dem Bild illustriert das Blatt ein Interview mit Frank Kraemer, Gründer der Rechtsrockband ‚Stahlgewitter'. Mehr Reichweite außerhalb seiner eigenen Szene, mutmaßt Martin Langebach, Rechtsrock-Experte aus Düsseldorf, ‚dürfte der überzeugte Neonazi in seiner über 15-jährigen Karriere nicht erreicht haben'. (...) In der Tat feierte die Szene das Gespräch unverzüglich: Auf dem einschlägigen Portal ‚Altermedia' heißt es in einem Kommentar: ‚voller Erfolg', und man werde ‚beim nächsten Kameradschaftsabend das Interview ausführlich besprechen und einige Punkte nochmals vertiefen' – ‚ein hervorragender Schulungsleitfaden'". Zeitnah erreichte mich die SMS eines Bekannten. Darin teilte mir dieser mit, daß im Radio eine Meldung gesendet wurde, daß diese Befragung sogar Thema im niedersächsischen Landtag war. Volltreffer!

    Nicht nur innerhalb Deutschlands wurde man hellhörig. Aus der Tschechei, besser gesagt aus Südmähren, erreichte mich eine überraschende wie erfreuliche Nachricht von Pavel Kamas. Dieser betreibt neben seinem Verlag Guidemedia.cz den Blog *Der wissenshungrige Winzenz (Zvidavy Vincenc)*[14] und ist durch ein nonkonformes Portal auf die *Saitensprung*-Befragung aufmerksam geworden. Sehr davon angetan, hatte er diese kurzerhand ins Tschechische übersetzt. Diese Übersetzung wurde nach Angaben Pavel Kamas' bis Anfang Juli 2011, also nach nur wenigen Wochen, über dreitausendfünfhundertmal gelesen. Die Kommentare der tschechischen Leserschaft waren alle absolut wohlwollend und zustimmend. Man schrieb dort sogar schon „über einen ‚Durchbruch', der eben aus Deutschland kommt (!). Denn eine derartige Befragung eines häßlichen Rechtsextremisten wäre hierzulande in den etablierten Medien im Moment gar nicht denkbar. Man sieht halt, wie schön ‚sie alle' weltweit die gleiche Geige spielen."

    Alles in allem war diese Aktion ein voller Erfolg bei der Durchbrechung der Schweigespirale, mit deren Hilfe der Mainstream denjenigen aus der öffentlichen Wahrnehmung ausschließen will, der sich außerhalb des Sagbaren bewegt. Es zeigt, daß man sehr wohl Medien, die außerhalb unserer Bewegung stehen, zu unseren Gunsten nutzen

---

14 http://zvidavyvincenc.wordpress.com/2011/06/13/velky-rozhovor-s-nacistickym-hudebnikem/

und ein breites Publikum erreichen kann. Wichtig dabei ist es, sich nicht durch tendenziöse Fragestellungen in eine Ecke drängen zu lassen und offensiv zu argumentieren.

„Vielleicht fehlt Ihnen das Feingefühl für unseren Wortwitz"
Streitgespräch mit einem Rechtsrock-Musiker

Rock von rechts ist ein oft diskutiertes, aber in der Medienlandschaft dennoch totgeschwiegenes Phänomen. Wer steckt hinter den Texten, die oft voll von Fremdenhaß und Multikultiphobie sind? Frank Kraemer von „Stahlgewitter", eine Rechtsrock-Band aus Nordrhein-Westfalen, ist ein solcher Musiker. „Saitensprung" hat den Versuch gewagt, eine kritische Auseinandersetzung mit einem Protagonisten der Rechtsrock-Szene auf Augenhöhe zu führen.

1) Herr Kraemer, Sie sind Musiker bei Stahlgewitter, die zu den bekanntesten Vertretern des Rechtsrocks gehören. Sie leiten einen Online-Versand, der sich Sonnenkreuz-Versand nennt, damit eine Assoziation zum Hakenkreuz, das ebenfalls eine Form des Sonnenkreuzes ist, allzuleicht macht und verkaufen dort unter anderem CDs von in rechten Kreisen einschlägig bekannten Bands. Darf man Sie angesichts dieser Fakten guten Gewissens als Rechtsextremisten bezeichnen?

Die Begriffe „rechts" und „links" halte ich in der heutigen Zeit für überholt. Einst linke Domänen wie z.B. soziale Gerechtigkeit werden heute von nationalistischen Parteien viel glaubhafter vertreten. Begrenzte finanzielle Ressourcen können immer nur einer begrenzten Gruppe von Menschen zur Verfügung stehen. Somit ist es die Pflicht des Staates, sich erst um die Belange des eigenen Volkes zu kümmern, anstatt goldene Berge für jedermann zu versprechen. Als Extremisten würde ich mich nicht bezeichnen, schwingt für mich bei dieser Bezeichnung eine gewisse Beschränktheit mit. Wohl aber als Radikalen im Sinne von „an die Wurzel gehend". Heute wird ja nur versucht, die Symptome zu behandeln, ohne die Ursachen der Probleme zu erkennen. Um mich irgendwo einordnen zu können, wenn es denn gar nicht ohne Schublade geht, würde ich mich als nationalen

Gruppenegoisten bezeichnen. Den Begriff fand ich übrigens in der Schrift von Hans Domizlaff, einem NS-Gegner aus der Weimarer Republik, „Die Geburtsfehler der Demokratie als Herrschaftsform".

Das Sonnenkreuz habe ich gewählt, da es als Sonnensymbol seit Tausenden von Jahren Verwendung findet und über den ganzen Erdball hinweg für positive Aspekte steht. Somit lebensbejahend und ganz nach meiner Lebensphilosophie. Die Tonträger in meinem Programm dürften jedoch ehrlich gesagt für „rechte" Kreise weniger interessant sein. Es sei denn, Sie meinen eine Beliebtheit, wie sie z.B. Rammstein in nationalen Kreisen genießen.

2) Ist es nicht etwas scheinheilig, die Symbolik des Sonnenkreuzes auf dessen Bedeutung in anderen Kulturen und Jahrhunderten zu beziehen, wenn es doch in unserer Kultur eine eindeutige Konnotation des Symbols dank des Dritten Reichs gibt?

Ich sehe keinen Grund dafür, ein jahrtausendealtes Symbol auf zwölf Jahre zu reduzieren. Aber natürlich bedarf es einer gewissen Distanz und Abgeklärtheit, sich unseren alten Zeichen und Symbolen zu nähern, sie zu begreifen und mit ihnen zu arbeiten, ohne ständig ein komplexbehaftetes Gewissen mit sich herumzuschleppen. Unter anderem das macht mich zu einem freieren Menschen, als es der durchschnittliche BRDler, der am Tropf der Massenmedien hängt, je sein wird.

3) Wie definiert sich denn Ihrer Meinung nach „das eigene Volk"? In einem Stahlgewitter-Song wird gesagt, daß ein Mensch mit anderer Hautfarbe niemals Deutscher sein kann. Ist das Ihre Meinung?

Würden Sie mir abnehmen, wenn ich behaupten würde, ich wäre Chinese oder Nigerianer? Dieses ganze Paßgeschachere ist doch nur Ausdruck einer immer weiter um sich greifenden Egalität. Ein Volk definiert sich durch eine gewisse Homogenität. Also gleiche Sprache, gemeinsame Werte, hinter denen man steht und natürlich auch durch ähnliches Aussehen. Ist diese Homogenität nicht gegeben, ist kein Staatswesen möglich, da das Konfliktpotential der verschiedenen ethnischen Gruppen zu groß ist. Führt man einer homogenen Gruppe immer mehr Fremdkörper in Form von Zuwanderung hinzu, brechen gewachsene Strukturen zusammen, wie wir es z.b. in Ghettos wie Berlin-Neukölln oder Kreuzberg sehen. Dort errichten die „neuen Deutschen" Enklaven und frönen ihren eigenen Sitten und Gebräuchen, auch wenn sie diametral zu unseren Gesetzen und Normen stehen. Eine kleine grüne Plastikkarte ändert daran nicht das Geringste. Natürlich präsentiert uns die gleichgeschaltete Propaganda gerne musterhaft eingebürgerte Fremde. Jedoch sind diese nicht repräsentativ für den Durchschnitt. Dank wissenschaftlicher Erkenntnisse der Genetik, der Soziobiologie und der Verhaltensforschung wissen wir, daß z.b. Schwarze, Asiaten und Europäer ja nicht einfach nur anders aussehen, sondern jeweils ganz andere biologische und charakterliche Eigenarten mitbringen – eben jene, die das Überleben in dem jeweiligen natürlichen Lebensraum sichern. Dies ist eine wertfreie Feststellung und leicht nachzuvollziehen. Ein Beispiel: Vorausschauendes Denken ist bei Menschen in warmen Gegenden weniger wichtig als bei Menschen, die auf Grund von wechselnden Jahreszeiten Vorräte anhäufen müssen. Ein Sozialsystem wie unseres wäre somit in Afrika überhaupt nicht machbar. Dies bestätigt der Nobelpreisträger für Genetik James Watson, wofür er natürlich sofort von allen Seiten angegriffen und angefeindet wurde. Ein exemplarisches Beispiel, wie Wissenschaft durch Ideologie bekämpft wird. Im Grunde genommen weiß das aber auch jeder, der Urlaub im Ausland macht. Da spricht man dann von Mentalität.

4) Sprache kann man lernen, Werte kann man übernehmen. Beides geschieht in Deutschland. Daß man mit der Integration noch kein optimales Level erreicht hat, mag stimmen, denn so etwas ist ein jahrelanger Prozeß, der Probleme mit sich bringt. Aber man kann doch nicht ernsthaft behaupten, daß es sich bei Menschen mit Migrationshintergrund nur um ein paar für die Medien ausgewählte Musterbeispiele zu Vorführzwecken handelt und der Rest in einer Parallelgesellschaft lebt. Dafür gibt es doch vom Döner-Imbißbetreiber bis zum asiatischen Kommilitonen an der Uni einfach zu viele Gegenbeispiele, die jedem begegnen, der mit offenen Augen seinen Alltag bestreitet. Und was das Aussehen betrifft, stimme ich überhaupt nicht zu. Ist Philipp Rösler Ihrer Meinung nach kein

Deutscher, nur weil man seiner Physiognomie ansieht, daß er asiatische Wurzeln hat?

Wie Sie richtig erkannt haben, kann man sich anpassen. Für solche Maßnahmen (Sprachkurse, etc.) werden jedes Jahr Millionen EUR ausgegeben. Nur werden diese Angebote kaum genutzt, die Bringschuld nicht erbracht. Es ist eben nicht die Mehrheit der Fremden, die unsere Sprache und Werte zu schätzen weiß, wohl aber unsere Sozialleistungen. Deswegen führen wir die ganze Diskussion über die gescheiterte Integration überhaupt erst. Und wenn so ein jahrelanger Prozeß, wir reden hier wohl eher über Jahrzehnte, so viele Probleme mit sich bringt, warum werden wir Einheimischen nicht gefragt, ob wir das überhaupt wollen? In der Diskussion um die Integration ist auch nicht der asiatische Kommilitone das Thema, sondern ein überproportionaler Anteil von Fremden an Gewaltdelikten, Rauschgifthandel und Vergewaltigung. Daraus resultieren Gefängnisse mit 70 bis 80 Prozent nichtdeutschen Insassen. Ein seltsames Verhalten für Menschen, die in ihren Heimatländern um ihr Leben fürchten und hier die Möglichkeit haben, in Frieden zu leben. Weitere Probleme sind Schulen mit Ausländeranteilen von 90 Prozent und mehr, von denen ein großer Teil der Schüler die Schule ohne einen Hauptschulabschluß verlassen, der einem regelrecht hinterhergeworfen wird. Schulen, wo das Fach Deutsch nicht mehr vermittelt werden kann und es deswegen abgeschafft wurde. Diese Menschen werden irgendwann auf die Berufswelt losgelassen, sollen unsere Zivilisation erhalten und bringen nicht einmal ein Mindestmaß an Qualifikation mit. Da deren Kinderzahl die von uns Deutschen bei weitem übersteigt, findet hier auch keine Bereicherung, sondern eine regelrechte Verdrängung statt. Und wenn die Deutsche Polizeigewerkschaft fordert, Polizisten aus der Türkei kommen zu lassen, weil sie selbst ganze Stadtteile nicht mehr unter Kontrolle hat, dann ist Ihr netter Döner-Imbißbetreiber von nebenan ein sehr schwacher Trost. Hier von keinem optimalen Level zu sprechen, verkennt bei weitem den Ernst der Lage. Was Herrn Rösler betrifft, so habe ich meine Schwierigkeiten, mich mit ihm als Deutschen zu identifizieren. Für mich zählt immer noch das Abstammungsprinzip. Ich verstehe auch nicht, warum Sie jeden Fremden zwangsgermanisieren wollen.

5) Daß Parallelgesellschaften in Deutschland existieren und dagegen etwas unternommen werden muß, das wissen Sie, das weiß ich und das ist seit einem Jahr Thema der Politik. Nur frage ich mich, wie Ihr Lösungsvorschlag aussehen würde? Niemanden nach Deutschland lassen, der eine andere Hautfarbe hat? Mit der Begründung, daß wir alle durch unsere Genetik einen vorbestimmten Lebensraum haben, der es uns unmöglich macht, uns in anderen Kulturkreisen einzugliedern? So viel Gen-Hörigkeit ist doch total übertrieben. Sollte nicht viel eher dafür gesorgt werden, daß man trotz Problemen, die im Entstehungsprozeß nun einmal auftreten, eine Umgebung schafft, in der ein gemeinsames Miteinander möglich ist, bevor man der Vermischung von Kulturen, die unser Leben meiner Meinung nach enorm bereichert, eine komplette Absage erteilt?

Parallelgesellschaften werden ja nicht nur erst seit einem Jahr diskutiert, sondern geben immer wieder Stoff für heiße Diskussionen. Dabei ist der Ablauf dieser Debatte stets gleich. Man bringt es zur Sprache, der Bundesbürger darf seinen angestauten Frust ablassen, die Politiker geben zu, Fehler gemacht zu haben und danach ändert sich gar nichts. Dazu müßten diejenigen, die den Karren in den Dreck gefahren haben, ihre eingefahrenen Denkmuster über Bord werfen, wozu sie nicht in der Lage sind. Könnten sie es, hätten sie es längst getan. Um es mit Joschka Fischer zu sagen: In einer Demokratie mögen sich Mehrheiten ändern, die Politik bleibt immer dieselbe. Denken Sie an die Diskussion, die Thilo Sarrazin angestoßen hat. Nichts mehr als eine Beruhigungspille für die Bevölkerung und ein dicker Batzen Geld für Herrn Sarrazin für ein Buch, das Thesen beinhaltet, welche vom Nationalen Widerstand seit mehr als 30 Jahren vertreten werden. Daß keine Fremden nach Deutschland kommen sollen, habe ich nie gesagt und ist leider ein undifferenzierter Vorwurf, den ich oft höre. Ich finde es sogar erfreulich, wenn Fremde hier studieren und mit dem erworbenen Wissen ihrem Heimatland unter die Arme greifen. Es ist ebenfalls klar, daß es schon immer Migration gegeben hat. Nur kann nur eine deutsche Mehrheitsgesellschaft eine Integration gewährleisten, was sich in wenigen Generationen als unmöglich erweisen wird. Daß die Genetik eine Eingliederung in andere Kulturkreise verhindern würde, habe ich nicht behauptet. Sie werfen da zu viele Dinge durcheinander.

Was das gemeinsame Miteinander angeht, so zahlen wir Deutschen schon seit langer Zeit dafür die Zeche. Zum einen mit finanziellen Mitteln, die anderswo besser ausgegeben wären, zum anderen mit immer mehr Zugeständnissen auf Kosten unserer Lebensart. Meiner Meinung nach eine sehr einseitige Freundschaft. Ein Lösungsvorschlag sähe so aus, wie andere souveräne Staaten dieselben Probleme angehen. Kriminelle und dauerarbeitslose Fremde müssen in ihre Heimatländer zurückgeschickt werden. Ich möchte Ihnen noch etwas zu bedenken geben. Anfang 2010 lud der türkische Ministerpräsident Erdogan 1500 Auslandstürken in die Heimat ein. Seine an sie gerichtete Botschaft: Im Ausland lebende Türken sollten die Staatsbürgerschaft ihrer neuen Heimat annehmen, aber nicht in erster Linie, um sich dort zu integrieren, sondern um politisch aktiv zu werden. Dreimal dürfen sie raten, für wessen Interessen sie sich politisch engagieren sollen. Interessant ist es auch, einfach mal unseren ausländischen Freunden zuzuhören. Erdogan vor ein paar Jahren: „Die Demokratie ist nur der Zug, auf den wir aufsteigen, bis wir am Ziel sind. Die Moscheen sind unsere Kasernen, die Minarette unsere Bajonette, die Kuppeln unsere Helme und die Gläubigen unsere Soldaten."

6) Die Frage, die sich mir mittlerweile stellt, ist folgende (und bitte nicht allzu persönlich nehmen): Ich habe keinesfalls den Eindruck, daß Sie ein ungebildeter Mensch sind. Ihre Standpunkte, so sehr ich viele davon auch anders sehe, weichen ja nicht so sehr von den durch Sarrazin oder diversen CSU-Politikern vertretenen Gedanken und Thesen ab (oder würden Sie mir da widersprechen?). Demgegenüber steht Ihre Beteiligung in einer Band wie Stahlgewitter, deren Texte (ich urteile jetzt einfach mal anhand der 6-8 Texte, die ich mir durchgelesen und angehört habe) meiner Meinung nach nicht primitiver sein könnten. Wie paßt das zusammen? Stehen Sie hinter den Texten, die Sie als Gitarrist dieser Band mit repräsentieren?

Auf eine tendenziöse Berichterstattung habe ich mich schon eingestellt. Dafür brauchen Sie sich nicht entschuldigen. Ich weiß zwar nicht, welche Texte Sie gelesen und welche Stücke Sie gehört haben, um unser Schaffen als primitiv zu klassifizieren, jedoch fehlt Ihnen eventuell einfach nur das Feingefühl für unseren Wortwitz. Im Moment fällt mir kein Text ein, hinter dem ich nicht stehen könnte. Daß sich meine Ansichten mit denen von Sarrazin & Co. decken, halte ich für falsch. Immerhin arbeiten diese als Teil des Systems seit über einem halben Jahrhundert auf genau diese Zustände hin, die wir heute haben. CSU wie CDU blinken aus Gründen des Machterhalts gerne rechts und biegen dann links ab. Die Schwarzen hinken dem Zeitgeist immer nur ganz leicht hinterher. Dadurch gibt es heute ein ungenutztes konservatives Wählerpotential von ca. 20 Prozent. Es würde mich nicht wundern, wenn es eine „Sarrazin-Partei" geben wird, um diese Wähler aufzufangen und den Unmut verpuffen zu lassen, auf daß sich weiterhin nichts ändert.

7) Wo ist in diesen Texten voller Rechtspolemik und Multikultiphobie Wortwitz? Wie kann man solche Texte anders verstehen als Anstachelung zur Gewalt gegen und Ausgrenzung von Migranten? Sollte in den besagten Texten tatsächlich so etwas wie Wortwitz drin stecken, dann bleibt mir der tatsächlich verschlossen und ich bin froh, daß mein Verständnis von Wortwitz nicht das Ihre ist.

Unsere Texte handeln von einem Lebensgefühl wider den Zeitgeist, von Selbstachtung und daß es noch etwas anderes gibt als einen menschenunwürdigen Schuldkult. Vom Widerstand gegen eine Besatzung durch Zivilokkupanten und Fremdbestimmung durch multinationale Logen und Vereine. Aufrecht zu gehen in einer Zeit, wo man mit Stolpersteinen versucht, ein Volk zu Fall zu bringen, das eh schon gezwungen wird zu kriechen. Zu Gewalt stacheln wir nicht an, wohl aber rufen wir dazu auf, sich zur Wehr zu setzen, da von seiten dieses Regimes kein Schutz zu erwarten ist.

8) Sie beschreiben ein Lebensgefühl? Mit einem Lebensgefühl, das die Schwarze Division herbeisehnt, passen Sie in der Tat nicht in den aktuellen Zeitgeist. Zum Glück nicht. Das ist der Zeitgeist von vor 70 Jahren. Das ist doch eine Verherrlichung, die Sie da betreiben und die Sie nun entweder verschweigen, ausblenden, relativieren oder unerwähnt lassen wollen. Und Sie wollen nicht in einem „Schuldkult" leben. Niemand verlangt, daß sich die heutige Generation verant-

wortlich dafür fühlt, was im "Dritten Reich" geschehen ist. Nur: Sie tun doch das exakte Gegenteil und blenden jedes Bewußtsein dafür aus. Verantwortlich sein und Bewußtsein haben, das sind doch zwei verschiedene Paar Schuhe.

Selbstverständlich soll sich die heutige Generation verantwortlich fühlen. Michel Friedman gibt die Marschrichtung genau vor, wenn er sagt: "Versöhnung ist ein absolut sinnloser Begriff. Den Erben des judenmordenden NS-Staates kommt gar nichts anderes zu, als die schwere historische Verantwortung auf sich zu nehmen, generationenlang, für immer" (Diskussionsveranstaltung der Evangelischen Akademie Tutzing, laut Westfalenblatt vom 14. November 2000). Es fließen jedes Jahr hohe Geldsummen an Wiedergutmachung nach Israel und Atom-U-Boote des Typs Dolphin werden gleich mitverschenkt. Das Holocaust-Mahnmal in Berlin, zu dem Schulklassen hingekarrt werden, ist 19 000 m² groß. Wie ist dies zu bezeichnen, wenn nicht als perfider Schuldkult?

Daß sich meine Ansichten nicht mit den Ihren decken, liegt vielleicht daran, daß ich mich nicht nur mit dem tendenziösen, offiziellen Geschichtsbild auseinandergesetzt habe, welches von den Siegermächten damals vor- und heute von Ihnen nachgebetet wird, sondern eben auch mit objektiver Geschichtsschreibung. Dort werden nämlich nicht immer dieselben Hitler-Zitate runtergeleiert, sondern wird auch die andere Seite der Medaille beleuchtet. Dazu zählen Aussagen, die Winston Churchill in seinen Memoiren niedergeschrieben hat: zum Beispiel, daß es ein unverzeihliches Verbrechen Deutschlands vor dem Zweiten Weltkrieg war, den Versuch zu starten, seine Wirtschaftskraft aus dem Welthandelssystem herauszulösen und ein eigenes Austauschsystem zu schaffen, bei dem die Weltfinanz nicht mehr mitverdienen konnte. Und natürlich wurden im III. Reich Verbrechen begangen. Das wird niemand bestreiten können oder wollen.

9) Wo wird in dieser Gesellschaft "ein Volk gezwungen zu kriechen"?

Die Beeinflussung beginnt schon in der Schule, wo im Geschichts- und Politikunterricht von einer "ewigen Schuld" die Rede ist. Hier wird das Bildungssystem mißbraucht, um jungen Menschen nicht Inhalte, son-

dern Meinungen einzutrichtern. Wie soll bei diesen Voraussetzungen so etwas wie ein gesundes Selbstwertgefühl entstehen? Das Ergebnis ist dann, daß junge Deutsche als Weicheier gelten und von fremdländischen Banden als Opfer betrachtet werden. Denn Gegenwehr ist von Menschen ohne Rückgrat nicht zu erwarten, die sofort kuschen, wenn die Faschismuskeule ausgepackt wird. Was die Stolpersteine betrifft, so meine ich das nicht im übertragenen Sinne, sondern ganz konkret die Aktionen des „Künstlers" Gunter Demnig. Es freut mich natürlich, daß seine „Kunst" von seiner Umwelt eher als Belästigung aufgenommen wird.

10) Ein Lied liest sich wie ein haßerfüllter Aufruf, einen von Ausländern bevölkerten Stadtteil, ich zitiere: „dem Erdboden gleich" zu machen. „Die Jungs in Schwarz mit dem doppelten Blitz", so wird die Armee, die das ausführen soll, beschrieben, ist ja wohl eine mehr als überdeutliche Anspielung auf das Dritte Reich. „Keine Gnade" wird gefordert. Ist das kein Aufruf zur Gewalt? Und in welcher Verantwortung stehen Sie, wenn Ihre Hörerschaft letztlich loszieht und tut, was Stahlgewitter in einem Song fordern?

Der Tonträger, auf dem das Stück enthalten ist, steht auf dem Index. Daher kann ich mich leider zu dem Text nicht äußern. Würde ich diese Textstellen kommentieren oder in den Gesamtzusammenhang stellen, dazu müßte man den ersten Teil des Liedes kennen, könnte man mir „Verharmlosung" vorwerfen, was strafbar wäre. Aber generell gesagt, rufen wir nicht zu Gewalt auf. „Keine Gnade" wird doch ständig irgendwo gefordert. Vor allem im „K(r)ampf gegen rechts". Wir hören und lesen so viel über dieses Phänomen, daß es sich lohnt, die Zahlen mal genauer unter die Lupe zu nehmen. Im Verfassungsschutzbericht von 2010 (für das Jahr 2009) werden 18 750 rechte Straftaten aufgeführt, linke Straftaten dagegen nur 4734. Jedoch muß man wissen, daß 13 280 Straftaten auf rechter Seite sogenannte „Propagandadelikte", also Meinungsdelikte, sind. Weitere 2956 werden als „andere Straftaten", u.a. Volksverhetzung, angegeben, was ebenfalls Meinungsdelikte sind. Mit anderen Worten: Hier werden Menschen auf Grund ihrer Meinung zu gewissen Themen oder des Zeigens gewisser Symbole kriminalisiert und bestraft, *ein Bedrohungsszenario wird künstlich erzeugt. Teilweise werden sogar Gefängnisstrafen bis 13 Jahre für Meinungsäußerungen verhängt. Als Vergleich: Bei einem Prozeß Ende letzten Jahres in Darmstadt, wo es um die Verbreitung von Kinderpornographie (Vergewaltigung von Minderjährigen, Kleinkindern und Säuglingen) ging, wurden als Höchststrafe fünf Jahre verhängt. Auch nur, weil der Hauptangeklagte die mehrfache Vergewaltigung einer Siebenjährigen zugegeben hat. Der Umgang mit politisch Andersdenkenden (lebenslängliche Haft) auf der einen Seite und Geisteskranken (nicht mal die Hälfte an Haftzeit) auf der anderen Seite zeigt die moralische Verkommenheit des Systems und wie hier die Exekutive mißbraucht wird, die politische Konkurrenz auszuschalten. Da linke Symbole und linke Propaganda nicht unter Strafe stehen, also nicht verfolgt werden, handelt es sich somit bei den linken Straftaten um handfeste Dinge, und das im wahrsten Sinne des Wortes. Die Gewalt kommt somit nicht von rechts, sondern ganz klar von links. Selbst die offiziellen Presseorgane kommen nicht mehr umhin, dies zu bestätigen. Jedoch nur, weil nicht mehr nur Anschläge auf nationaldenkende Menschen und deren Familien verübt werden, sondern ebenso etablierte Politiker, meist von der CDU, oder Polizisten in den Brennpunkt linker Gewalt geraten. Gewalttätige Übergriffe linksradikaler Chaoten auf Demonstranten und Polizei bei nationalen Demonstrationen und Kundgebungen, brennende Autos, alleine über 200 im Jahre 2009 in Berlin, zeugen weiterhin von dem gewalttätigen Potential des linken Spektrums. Und dies alles ganz ohne die Lieder von Stahlgewitter!*

11) Das ist doch jetzt Humbug. Selbst wenn man so etwas schon relativieren möchte und – wie Sie – über 16 000 Straftaten als „Meinungsdelikte" abzieht, bleibt doch eine Summe, die sich auf einem ähnlichen Level bewegt, wie die der Linksextremen. So oder so müßte die Aussage also lauten: Die Gewalt kommt von links UND rechts. Sie können doch jetzt nicht behaupten, daß keine rechte Gewalt existiert, nur weil Sie die Meinungsdelikte abziehen.

Daß es keine rechte körperliche Gewalt gibt, habe ich nicht gemeint. Ich wollte mit meiner Aussage zum Ausdruck bringen, daß das Gros der verübten physischen Gewalt von links kommt. Die Systempresse möchte uns jedoch glauben machen, daß es eine überproportionale Gewalttätigkeit von rechts gibt. Das Gegenteil ist der Fall. Teil der Propaganda sind ständige Horrormärchen wie z.b. Sebnitz[15]*, das ominöse Lebkuchenmesserphantom aus der rechten Szene von München und nach Aufmerksamkeit heischende Menschen, die sich selbst Swastikas in ihren Körper ritzen. Dazu kommen Straftaten, die politisch aufgeladen werden, wie die Geschichte des betrunkenen Äthiopiers Ermyas M. in Brandenburg, der nicht auf Grund seiner dunklen Hautfarbe gewissen Handgreiflichkeiten zum Opfer fiel, wie medienwirksam behauptet, sondern auf Grund seines schlechten Benehmens. Dazu gibt es unzählige weitere Beispiele, die bewußt ein Zerrbild projizieren und somit die Stimmung gegen rechts aufheizen. Psychologisch interessant finde ich dabei, daß sich sofort, ohne jegliche Prüfung der Sachverhalte, Tausende von gut konditionierten nützlichen Idioten und Armleuchtern u.a. zu sogenannten Lichterketten gegen rechts zusammenfinden. Gleich dubiosen Sektenanhängern, die ständig falschen Propheten aufsitzen, ohne jeglichen Lerneffekt. In diesem Klima können pseudotolerante Vereine und Gruppierungen gedeihen, deren oft linksextremistische Initiatoren von Steuergeldern finanziert ein nettes Einkommen beziehen. Von Gewalt zur Durchsetzung politischer Interessen halte ich nichts. Zumal ich denke, daß die nationale Opposition eh die besseren Argumente hat. Es wird so gut wie immer über, aber nicht mit Nationalisten gesprochen. Schalten sich Nationalisten in Diskussionen der etablierten Parteien ein, z.B. auf deren Veranstaltungen, werden diese sofort abgebrochen oder die Ordner befördern die „Ruhestörer" aus den Örtlichkeiten. Man bleibt lieber unter sich, denn Andersdenkende sind nicht selten die besser Denkenden. Positiv überrascht war ich von dem Bürgermeister von Krauschwitz, Herrn Püschel (SPD). Dieser besuchte einen Parteitag der NPD, um sich selbst ein Bild zu machen. Vollkommen überrascht, keine Schlägertypen zu sehen, sondern ganz normale Menschen, Familien mit Kindern, konnte er nach eigenen Angaben das meiste des*

---

[15] Im Jahr 2000 ertrank ein Sechsjähriger im Sebnitzer Freibad. In den Medien wurde anfangs fälschlicherweise berichtet, es habe sich um einen rassistischen Übergriff gehandelt.

Gesagten „voll unterschreiben". Dies tat er öffentlich kund und bekam postwendend mit seiner Partei Ärger. Diese verlangte von ihm, daß er alles zurücknehme und seinen Standpunkt revidiere. Das Ende vom Lied war, daß er seiner Partei, die er nicht mehr für wählbar hält, den Rücken zuwandte und nun für die NPD kandidiert. So einem Mann, der seine Vorurteile, selbst als bekennender Demokrat, überwunden hat, zolle ich meinen größten Respekt. Solche Menschen beweisen Charakterstärke und zeigen, daß man unabhängig vom Parteibuch wirkliche Veränderung anstrebt.

12) Nun, wenn Menschen Symbole verherrlichen, die repräsentativ für den organisierten Massenmord an Juden, Homosexuellen und Andersdenkenden stehen, ist das laut unserem Gesetz (vollkommen zu Recht meiner Meinung nach) eine Straftat. Ich finde nicht, daß ihre Runterrechnung da irgendetwas beschönigt oder die rechte Seite weniger schlimm aussehen läßt. Oder verwenden die „Sieg Heil" brüllenden Neonazis diesen Gruß im Gedächtnis an das alte Rom?

Mich interessieren Fakten, keine Runterrechnerei, noch moralinsaures Geschwätz. Ich möchte mich auch nicht zu tatsächlichen oder angeblichen Verbrechen des NS äußern, diese weder verharmlosen noch überspitzen. Mir ist aber noch gut in Erinnerung, wie schnell der Wanderzirkus zum Thema „Verbrechen der Wehrmacht" der Herren Reemtsma und Heer eingestellt wurde, als der Nationale Widerstand gegen diese Hetzer auf die Straße gegangen ist und die Fälschungen als das entlarvt hat, was sie waren. Katyn sollte ebenso ein Begriff sein. Ebenso warten noch viele Dokumente der Zeitgeschichte in verstaubten britischen Archiven auf ihre Freigabe, die wohl nicht ohne Grund immer noch unter Verschluß sind und von Historikern nicht eingesehen werden dürfen. Ich nehme Ihnen durchaus ab, gegen Unterdrückung und Terrorherrschaft zu sein. Das bin ich auch. Dazu aber in der Vergangenheit zu verweilen und ständig aufs Neue den Krieg gegen das III. Deutsche Reich zu führen, ist dabei vollkommen unnötig. Meinen Sie etwa, die Demokratie bestünde nur aus Privatfernsehen, Mc Donalds und blumigen Reden zum Thema Menschenrechte? Wir können einen weiten Bogen spannen von den Atombomben von Hiroshima und Nagasaki über den Krieg in Vietnam, der auf Grund eines erfundenen Angriffs auf einen amerikanischen Zerstörer begann, über den Einmarsch der „Befreier" in Afghanistan bis hin zum Überfall auf den Irak, der ebenfalls auf einer Lüge beruhte, da keine Atomwaffen gefunden wurden, nur um dessen Bodenschätze zu plündern und das irakische Volk zu demütigen. Wir können weitermachen mit der Ausbeutung der Dritten Welt durch die sogenannte „westliche Wertegemeinschaft", den Folterlagern Guantanamo und Abu Ghraib, dem Verseuchen unserer Nahrung durch die Gen-Mafia und dem Installieren einer EU-Diktatur in Form des Vertrages von Lissabon. Die „einzige Demokratie des Nahen Ostens", Israel, bekleckert sich auch nicht gerade mit Ruhm, wenn es um das Thema Menschlichkeit geht.

13) Das III. Reich ist nun mal zentraler Bestandteil der jüngeren Geschichte dieses Landes. Also muß das Wissen weitergegeben werden. Ausblenden ist selten eine Lösung. Ihren Abschnitt zur Demokratie finde ich ja nicht uninteressant und ja: vor allem die Amerikaner vergewaltigen die Demokratie gerne mal. Ich verstehe nur nicht, was das mit unserem Thema zu tun hat.

Nur den Amerikanern die Schuld zuzuschieben, wäre etwas zu einfach. Immerhin wird deren Außenpolitik von den europäischen Demokratien gutgeheißen und nach Kräften unterstützt. Ganz voneweg das Merkel-Regime. Amerika ist kein Symbol für vergewaltigte Demokratie, eher steht es für Demokratie ohne Maske. Das Thema hat sehr wohl etwas mit unserer Diskussion zu tun. Das Thema dieser Ausgabe heißt „Musik und Politik" und nicht „Musik und Vorgestern". Also lassen Sie uns über aktuelle Themen reden. Ich finde es äußerst ermüdend und leider vorhersehbar, daß jedes Mal das III. Reich als Totschlagargument rausgeholt wird. Für mich ist das III. Reich ein abgeschlossener Zeitabschnitt, den ich nicht ewig und immer wieder bewältigen muß. Ich lebe im Jahr 2011 und betrachte 1933 keineswegs als unsere „jüngere Geschichte", die anscheinend niemals „altert". Für mich zählen zur „jüngeren Geschichte" beispielsweise der Mauerfall, den ich selbst als noch sehr junger Mensch miterlebt habe, der sogenannte Terroranschlag auf das Welthandelszen-

trum mit all seinen verdunkelten Hintergründen und der Überfall auf den Irak.

14) Wie sieht denn die von Ihnen vorgeschlagene Lösung aus? Deutschland ist/war ein Einwanderungsland, davon hat die hiesige Wirtschaft profitiert. Die Leute, die damals nach Deutschland gezogen sind, haben sich hier niedergelassen, Kinder bekommen, Familien gegründet. Daraus resultiert eine Gesellschaft, die sich aus den unterschiedlichsten ethnischen Gruppierungen zusammensetzt. Soll man die nun alle hinauswerfen, weil sich ein Teil von diesen noch nicht auf einem angemessenen Sprachlevel befindet oder wie lautet Ihre Vorstellung zur Lösung des Problems? Sie werden da doch nicht vollkommen ideenlos sein oder?

Wie Sie schon richtig sagen, hat die Wirtschaft davon profitiert, aber eben nur die Wirtschaft. Die Wirtschaft ist ein Zweig, der den Hals nie voll bekommt. Dieses Metier bezeichne ich gerne als asoziale Randgruppe. Man hat sich dem Größenwahn des unbeschränkten Wachstums verschrieben. Nur kann es in einer beschränkten Welt kein unbeschränktes Wachstum geben. Durch die Verflechtung der Wirtschaft mit dem herrschenden System werden Gesetze geschaffen, die es erlauben, Gewinne zu personalisieren. Die Verluste trägt sie indes auf den Schultern des deutschen Steuerzahlers aus. Dies nur kurz zum Thema „hiesige Wirtschaft", die kein Vaterland, sondern nur Standorte kennt. Ideenlosigkeit liegt mir fern. Wie ich schon weiter oben erwähnt habe, brauchen wir nur die bestehenden Gesetze anzuwenden bzw. bestehende Gesetze den neuen Gegebenheiten anzupassen. Kriminell gewordene und langzeitarbeitslose Fremde gehören in ihre Heimatländer abgeschoben. Das größte Problem sollte damit erledigt sein. Ferner, um den Zuzug unqualifizierter Menschen zu stoppen, die unser Sozialsystem unnötig belasten, gehört der Asylparagraph komplett gestrichen. In Zeiten von Wirtschaftskrisen und Massenarbeitslosigkeit ist solch ein Luxus nicht mehr tragbar. Dann ist Schluß mit Tischlein deck dich. Wohl aber würde ich diesen Sektor „privatisieren". Dies sähe dann so aus, daß diejenigen, die der Meinung sind, „man müsse diesen armen Menschen doch helfen", dies tun können. Nämlich, indem sie die Fremden in ihrer eigenen Behausung beherbergen und für deren Versorgung aufkommen müssen. Sie werden sich wundern, wie schnell diese Stimmen verstummen werden, sobald selbstverantwortliches Handeln gefordert wird. Es ist immer leicht, mit Geld um sich zu werfen, das einem nicht gehört.

15) Daß die Wirtschaft kein Vaterland, sondern nur Standorte kennt, finde ich wunderbar. Würde man es darauf beschränken und die vielen Negativaspekte der Wirtschaft ausblenden, wäre die Wirtschaft doch Inbegriff einer zusammenwachsenden Welt. Sind Sie etwa stolz darauf, Deutscher zu sein? Hier geboren worden zu sein, ist doch keine Leistung, die Sie erbracht haben, sondern nichts weiter als ein biologischer Zufall. Wer braucht denn schon ein Vaterland?

Dann blenden Sie weiterhin aus, ich orientiere mich an der Realität. Jeder Mensch braucht ein Vaterland. Was Ihre zusammenwachsende Welt betrifft bzw. den Vaterlandsgedanken angeht, so scheinen Sie nicht auf dem laufenden zu sein. Der Süd-Sudan spaltet sich von Nord-Sudan ab, die belgische Zwangsehe ist bald Geschichte. Es wird in Zukunft die beiden unabhängigen Staaten Flandern und Wallonien geben, Jugoslawien ist auseinandergefallen, ebenso wie die UdSSR in viele Einzelstaaten zerbröselt ist. Die skandinavischen Länder kehren dem EU-Moloch den Rücken und beginnen die „Vereinigte nordische Föderation" zu gründen. Die Vereinigten Staaten von Amerika werden über kurz oder lang auch nicht mehr allzu vereinigt sein. Nur weil jeder Mensch mit dem anderen übers Weltnetz und per e-Post miteinander kommunizieren kann, sollten Sie sich nicht der Illusion hingeben, daß irgendetwas zusammenwächst. Die betroffenen Völker haben diese egalitäre Barbarei am eigenen Leib erlebt, von der Sie immer noch träumen. Abertausende haben in blutigen Bürgerkriegen ihr Leben lassen müssen, nur weil gewissenlose Politiker wider die Natur gehandelt und ein heilloses Völkerchaos geschaffen haben. Anstatt Ihrem erzwungenen Miteinander stehe ich für ein gleichberechtigtes Nebeneinander freier Völker und souveräner Vaterländer. Übrigens steht unter dem Konterfei Atatürks auf der Titelseite der in Deutschland meistgekauften türkischen Zeitung „Hürriyet" der Spruch „Die Türkei den Türken". Somit scheint das Klientel, für das Sie sich einsetzen, dem Vaterlandsgedanken ebenfalls nicht ganz abgeneigt zu sein. Zuerst bin ich stolz auf das, was ich persönlich leiste. Es erfüllt mich aber auch mit Stolz, in diese Schicksalsgemeinschaft hineingeboren zu sein, die so viele große Geister hervorgebracht hat und als Teil vom Ganzen mitwirken zu können. Keiner von uns ist ein biologischer Zufall. Wir alle sind die logische Konsequenz aus der Vereinigung unserer Eltern. Dieses ganze Gerede von „zufällig irgendwo geboren zu sein", klingt für mich zu sehr nach der Geschichte mit dem Klapperstorch, der irgendwo Kinder ausliefert. Niemand wird zufällig irgendwo geboren, sondern ist ein weiteres Glied in seiner Ahnenreihe.

16) Hat ein hier in der dritten Generation lebender, türkischstämmiger Deutscher Ihrer Meinung nach sein Recht verwirkt, in Deutschland zu leben, wenn er einen Ladendiebstahl begeht? Und wie sollten wir kriminelle „Nichtfremde" handhaben?

Natürlich nicht direkt bei einem Ladendiebstahl. Ich rede von kriminellen Familienklans, Gangs und organisierten Verbrecherbanden. Für mich gibt es übrigens keine türkischstämmigen Deutschen, nur Türken, die deutsch sprechen. Deutsche Straftäter durchlaufen das übliche Procedere und man wird versuchen, sie nach der Haft in die Volksgemeinschaft einzugliedern. Triebtäter werden, nach einem Volksentscheid nach Schweizer Vorbild, selbstverständlich zum Schutze unserer Frauen und Kinder hingerichtet.

17) Und was ist bitte mit politischen Flüchtlingen, die in ihren Heimatländern verfolgt und getötet werden? Sollen wir die einfach ihrem Schicksal überlassen, weil wir uns diesen „Luxus", wie Sie es nennen, nicht mehr leisten können (was auf eine perverse Art so klingt, als würde man drüber nachdenken, sich einen Sportwagen oder einen anderen kostspieligen Hobby-Zeitvertreib zu leisten)?

Ich weiß nicht, wo Sie leben oder ob Sie reiche Eltern haben. Aber in Zeiten von Hartz IV und in denen jedes fünfte Kind arm (Deutsches

Institut für Wirtschaftsforschung), jedes sechste Kind von Armut betroffen (Bericht zur Lage der Kinder in Deutschland von Unicef aus Mai 2008) und fast 2 Mio. Kinder unter der Armutsgrenze leben, sind Sportwagen für die meisten von uns Deutschen kein Thema, über das man nachdenken braucht. Es gibt auf dieser Welt ca. 194 Staaten, Tendenz steigend, und somit für einen Verfolgten mindestens 193 Ausweichmöglichkeiten. Kein anderes Land nimmt so viele Menschen auf wie wir, außer eventuell den USA, und verschleudert dabei so bereitwillig den Wohlstand der einheimischen Bevölkerung. Damit muß Schluß sein. Doch wie schon gesagt, lassen Sie sich von mir nicht aufhalten und zeigen Sie Eigeninitiative.

18) Noch mal das Thema Wirtschaft. Durch den Wirtschaftsaufschwung profitiert doch nicht nur die Wirtschaft, sondern auch die Menschen, die in einer Gesellschaft leben und deren Lebenssituation und -standards sich dadurch verbessern. Letztlich haben die „Gastarbeiter", gewillt Jobs zu übernehmen, für die sich manch ein Deutscher zu schade ist, dafür gesorgt, daß es der deutschen Gesellschaft besser geht. Daß eine Nationalitätenmischung auch zu Konflikten führt, bei denen man dann bestmöglichst versuchen muß, Lösungen zu finden, unter Berücksichtigung der verschiedenen Interessengruppen, das ist die Herausforderung, vor der wir aktuell stehen und die es zu meistern gilt.

Das Märchen von den Gastarbeitern, die Deutschland wiederaufgebaut haben, sollte mittlerweile entzaubert sein. Der Aufbau begann sofort nach dem Krieg durch unsere Trümmerfrauen, deren Leistungen gerne unter den Teppich gekehrt werden. Die Gastarbeiter aus Italien kamen 1955 und die aus der Türkei erst in den 1960ern. Diese Länder wollten auf der einen Seite ihren eigenen Arbeitsmarkt entlasten und spekulierten auf der anderen Seite auf Devisenüberweisungen der Gastarbeiter in die Heimat. Die Bundesrepublik zögerte, gab aber dem Druck der Wirtschaft nach, die sich auf die billigen Arbeitskräfte freute. Und wie die Bezeichnung „Gast" vermittelt, gehen Gäste auch irgendwann wieder nach Hause. Darauf zu beharren, hat das BRD-Regime leider versäumt. Daß die Gastarbeiter die Tätigkeiten ausübten, für die sich unsereiner angeblich zu schade ist, stimmt nicht oder nur bedingt. Zum einen würde es bedeuten, daß es zwischen 1945 und 1955 keine Müllabfuhr gegeben hätte, zum anderen kamen nur wenig bis gar nicht qualifizierte Fachkräfte ins Land. Meine Lebenssituation hat sich übrigens nicht gebessert, nur weil sich die Chefs multinationaler Konzerne die Taschen füllen. Als Familienvater und Alleinverdiener wäre mir das bestimmt aufgefallen.

DAS GESPRÄCH FÜHRTE DER SAITENSPRUNG

Ein offener Brief an Til

„Die beste Methode, Narren zu überzeugen, ist, sie ihre Dummheiten ausführen zu lassen."

Henry Wheeler Shaw (1818 - 1885)

Ein häufig genutztes Mittel, öffentliches Interesse zu erzeugen, sind sogenannte offene Briefe. Durch das Veröffentlichen dieser Briefe werden allgemeinhin Zustände kritisiert und in den Fokus der Wahrnehmung gerückt, die zwar im Bewußtsein der Menschen vorhanden, jedoch noch nicht kanalisiert sind. In der Regel werden Personen des öffentlichen Lebens wie Politiker, ebenso wie Vereine, Parteien oder Unternehmen, angeschrieben und mit den von ihnen getätigten Handlungen oder Aussagen konfrontiert. Dieses Werkzeug läßt sich in unserem Sinne auf verschiedene Art und Weise anwenden. Zum Beispiel dann, wenn einem Schauspieler die nötige Bodenhaftung abhanden gekommen ist. Dank der sozialen Netzwerke ist es relativ einfach, solch eine Person direkt und persönlich zu erreichen. Das habe ich in dem vorliegenden Fall getan.

Til Schweiger ist nicht gerade als intellektuelles Schwergewicht bekannt. Seine schauspielerischen Fähigkeiten gelten als mittelmäßig, obwohl Filme wie *Männerherzen* oder *Wo ist Fred* durchaus ihren Charme besitzen. In meinen Augen zumindest bis zu dem Zeitpunkt, bis sich Til Schweiger zur Flüchtlingskrise geäußert hat. Irgendwie scheint es typisch für eine gewisse Klientel, der ich auch Prominente wie Herbert Grönemeyer zurechne, daß sie in ihrer Abgehobenheit, Realitätsferne und selbstverständlich ihrer karrierebedingten politischen Zuverlässigkeit gutmenschelnd ständig über das Ziel hinausschießt. Nicht umsonst heißt es: Schuster, bleib bei deinem Leisten. Abgeschottet in ihren Wohlstandsghettos und durch das Hin-und hertingeln zwischen Berlinale, Vernissage und Glamour-Party, baut man sich einen Elfenbeinturm, in dem man das bunte Zusammenleben der multikulturellen Künstlerwelt ignorant auf die komplette Menschheit projiziert. Wenn sich Menschen der unterschiedlichsten Kulturen am Set gut verstehen, sich ans Drehbuch und die Vorgaben des Regisseurs halten, dann sollte das ebenso im echten Leben funktionieren. So zumindest die einfach gestrickte Logik dieser Menschen, aus deren Mündern die Moral in Strömen zu fließen scheint, sobald sie sich zu gesellschaftlichen Fragen äußern. Verantwortlich für diese Denkweise sind zwei Faktoren. Zum einen sind ihnen die Alltagssorgen des ganz normalen Bürgers vollkommen fremd oder zumindest schwer nachzuvollziehen, zum anderen kann sich kein Promi schlechte Presse leisten, da sich das eins zu eins in seinem Auftragsbuch niederschlagen würde. Aus Gründen der Selbsterhaltung ist dieses Verhalten nachvollziehbar. Unter den Aspekten wie Anstand, Charakter und Selbstachtung hingegen ist diese Geisteshaltung als primitivste Form der Würdelosigkeit zu bezeichnen. Wer weiterhin von der Boulevardpresse hochgejubelt werden will, der sollte zu brisanten Themen möglichst systemkonforme Aussagen eingeübt haben oder schweigen. Diejenigen, die sich trotzdem den Luxus einer eigenen Meinung leisten und es wagen, diese öffentlich zu äußern, bekommen die Knute der Meinungsinquisitoren sehr schnell zu spüren. Ein prominentes Beispiel ist Silvana Heißenberg, die als Schauspielerin und Model arbeitet. Frau Heißenberg war unter anderem in Serien wie *Einsatz in Köln* oder *Auf Streife* bei den Sendern RTL und Sat.1 unter Vertrag. Als sie sich kritisch zur Merkelschen Flüchtlingspolitik äußerte, wurde sie sofort zur persona non grata erklärt. Daraufhin teilten ihr diverse Fernsehsender mit, daß an einer weiteren Zusammenarbeit kein Interesse mehr bestehen würde. Ungeachtet diverser Schmutzkampagnen und Lästereien läßt sich Frau Heißenberg dennoch nicht beirren und zeigt Charakter. Zur Ehrenrettung der bundesdeutschen Schauspielerzunft wird das leider nicht reichen, handelt es sich bei Frau Heißenberg um den berühmten Tropfen auf den heißen Stein. Man könnte sie auch als Einzelfall bezeichnen. Rückgratlosigkeit, Selbstverliebtheit und die Angst um die eigene Karriere sorgen dafür, daß der Großteil der Promis auf Systemkurs bleibt.

Als sich Til Schweiger zu Pegida und ähnlichen Abwehrsymptomen gegen die gewaltsame Überfremdung unseres Landes äußern mußte, sah ich mich gezwungen, das schiefe Weltbild des Herrn Schweiger geradezurücken. Ende Juli 2015 verfaßte ich einen offenen Brief mit dem Titel „Lieber Til Schweiger..." und setzte diesen in seine Facebook-Chronik. Inhaltlich war es mehr ein Von-der-Seele-

Schreiben als ein ein ausgefeilter Text, brachte jedoch alles Nötige auf den Punkt. Die Bilanz konnte sich durchaus sehen lassen. Kurz nachdem ich den Brief in das Textfenster kopiert und gepostet hatte, schnellten im Sekundentakt die „Gefällt-mir"-Klicks nach oben. Leider ist im nachhinein nicht mehr nachzuvollziehen, wie lange mein Beitrag abrufbar war. Ungeachtet dessen war die Reichweite meines Beitrages schon nach sehr kurzer Zeit gewaltig. Bereits am nächsten Tag um 11:25 Uhr hatte mein Beitrag über 5000 „Gefällt-mir"-Klicks, wurde fast zweitausendmal mal geteilt und mein WordPress-Blog, auf dem ich den Beitrag ebenfalls veröffentlicht hatte, zeigt mir immer noch den 28. Juli 2015 als den Tag mit den meisten Besuchern an: nämlich 12 838. Der Vollständigkeit halber folgt an dieser Stelle der komplette Wortlaut:

Lieber Til Schweiger,

zuallererst möchte ich Dir schreiben, daß ich es ganz toll finde, daß Du so viel Geld für gute Zwecke spendest. Es ist wichtig, daß Leute wie Du, die unzweifelhaft genug Geld verdienen, etwas davon abgeben, um anderen Menschen, die nur sehr wenig haben, ein besseres Leben zu ermöglichen. Dennoch sollte man genau hinsehen, an wen das Geld geht. Meiner Meinung haben nur diejenigen ein Recht auf solche Spenden, die unverschuldet in eine Notlage geraten sind, z.B. Einheimische, die von Armut bedroht sind oder Familien mit Kindern aus Kriegsgebieten. Wo wir schon beim Thema sind. Keiner, weder PEGIDA noch ich als Nationalist, hat etwas dagegen, zeitlich begrenzt denen zu helfen, die vor Kriegen flüchten müssen. Man muß ihnen aber auch klar verständlich machen, daß der Aufenthalt in Deutschland nur auf Zeit ist. Schließlich muß das Land wieder jemand aufbauen. Wenn nicht die Einheimischen, wer dann? Da kannst Du jeden fragen, der montags auf die Straße geht und von der Lizenzpresse, auch passenderweise als Lügenpresse bezeichnet, als Fremdenfeind bezeichnet wird. Es sehen so gut wie alle so. Der Begriff „Fremdenfeind" ist, nebenbei gesagt, absoluter Schwachsinn. Ablehnung macht sich nicht deshalb breit, weil jemand fremd ist, sondern weil sich die sogenannten Flüchtlinge nicht an unsere Gesetze und Normen halten. Wir sind also durchaus in der Lage zu differenzieren. Obwohl es dennoch sinnvoller wäre, die Flüchtlinge nah ihrer Heimat unterzubringen. Das reiche Katar liegt ganz in der Nähe. Zumal sie sich dort schon alleine kulturell viel besser aufgehoben fühlen dürften. Wie kann es eigentlich sein, daß sich hier Männer mit Fotos ihrer Familien vor Kameras postieren und jammern, daß die Familie schnellstmöglich nach Deutschland geholt wird? Warum sind die Männer hier in Sicherheit und ihre Frauen und Kinder im Kriegsgebiet? Aber das sei nur am Rande erwähnt, um ab und an Fragen aufzuwerfen, die sich anscheinend keiner stellt. Jetzt kommen wir mal weg von den echten Flüchtlingen und hin zu den sogenannten Flüchtlingen. Denn diese sind es, die uns wirklich stören. Du kennst Tunesien? Da fliegen viele Deutsche hin, um Urlaub zu machen. Erkläre mir dann mal bitte, warum hier Leute durchgefüttert werden, die vorgeben, von dort geflohen zu sein. Warum sollen wir uns diese Frechheit bieten lassen? Man beachte außerdem die rasant steigende Zahl von Afrikanern. Fährst Du zufällig mit der Bahn? Ich denke wohl eher nicht. Du gibst zwar viel von dem ab, wovon Du eh genug hast. Aber von den direkten Auswirkungen und sozialen Spannungen, die diese Landnahme mit sich bringt, bleibst Du verschont. Ich fahre jeden Tag mit der Bahn nach Köln zur Arbeit. Und soll ich Dir etwas verraten? Ich sehe keine traumatisierten Flüchtlinge. Ich sehe Afrikaner, die sehr gut gekleidet sind, bei bester Laune telefonieren, Bier trinken und weiße Mädchen im harmlosesten Fall begaffen. Ich bin zwar kein Hellseher, aber ich kann erahnen, was in deren Köpfen vorgeht. „Wir haben es geschafft! Nie wieder arbeiten, Geld für Freizeit, und im Grunde können wir machen, was wir wollen. Denn für uns gelten dank der BRD-Justiz Sondergesetze, die uns vor Strafverfolgung bewahren. Deswegen können wir Deutsche beleidigen, Frauen belästigen, Polizisten verprügeln und den deutschen Nachwuchs tottreten. Wir sind ja traumatisiert." Ich übertreibe? Wohl kaum. Auch seltsam, daß anscheinend in Afrika nur junge Männer „verfolgt" werden. Denn Frauen und Kinder sieht man sehr selten.

Du sagst, Leuten wie mir fehle die Phantasie. Nun möchte ich mal Deine testen. Dazu mußt Du einen Schritt zurückgehen, das große Ganze betrachten und Dich freimachen von moralischen Denkbarrikaden. Stell Dir eine Spezies vor, die es trotz Hunger, Kriegen und Seuchen schafft, einen Menschenüberschuß zu schaffen. Es ist ja kein Geheimnis, daß die Weltbevölkerung zunimmt, mit allen negativen Konsequenzen für unsere Erde mit ihren begrenzten Ressourcen. Und dieses Wachstum findet nicht in Europa statt. Nun wird diese Spezies per Schiff in eine Region gebracht, in der es weder Kriege und Hunger noch Seuchen gibt. Ganz im Gegenteil. Sie finden etwas vor, was man Sozialsystem nennt. Wie dieser Umstand das Wachstum der Weltbevölkerung beeinflußt und wie sich das ganz konkret auf den Lebensraum von uns und unseren Kindern auswirken wird, überlasse ich jetzt mal Deiner Phantasie. Davon hast Du ja angeblich genug.

Schon mal was vom Miri-Klan gehört? Die kamen auch mal als „arme, verfolgte Flüchtlinge". Das war in der 70ern. Damals waren es 150 Personen. Heute sind es 2500, Tendenz, dank unseres Sozialfutters, steigend. Viele von ihnen sind kriminell bis schwerstkriminell. Alles Einzelfälle? 2500 „Einzelfälle". Du siehst, wir haben noch mit den Nachwehen der verfehlten Asylpolitik von vor Jahrzehnten zu tun, und anscheinend haben nur sogenannte Nazis und Fremdenfeinde daraus gelernt und vernünftige Schlüsse gezogen. Und trotzdem halsen uns wahnsinnige Politiker immer neues Konfliktpotential auf. Ich will nicht bestreiten, daß es nette Kerle unter den Migranten gibt. Es wäre ja auch dämlich zu behaupten und leicht zu widerlegen, wenn man sagt, alle Ausländer seien schlechte Menschen. Aber alleine, um den Miri-Klan aufzuwiegen, müßtest Du 2500 solcher Videos posten, wie das von dem netten Migranten, „der hilft, Deutschland ein Stück schöner zu machen....!". Und es gibt nicht nur diesen Klan, der unsere Sozialsysteme leerfrißt und sich auf unsere Kosten überproportional vermehrt und in unseren Städten ein Klima schafft, das für uns Einheimische unerträglich ist. Gewalt, Demütigung und Deutschenhaß werden nur leider vehement von der öffentlichen Wahrnehmung ignoriert. Wir haben eben leider die falsche Hautfarbe, um als Opfer durchzugehen.

Wir können jetzt darüber streiten, ob es mehr von den netten oder den weniger netten Migranten gibt. Seltsamerweise steigen jedoch dort die Wohnungseinbrüche, wo besonders viele sogenannte Flüchtlinge untergebracht werden. Bedankt man sich so bei seinem Wohltäter? Du hast Deine subjektive Wahrnehmung, ich die Polizeistatistiken. Dabei fällt mir ein, daß straffällige Migranten mit deutschem Paß mittlerweile als kriminelle Deutsche gelten. Deswegen gibt es mittlerweile „deutsche" islamische Fundamentalisten, die Mustafa heißen. Das freut natürlich schuld- und sühnegeile Typen wie Gauck und Konsorten. Denn ab sofort dürfen die sich nicht nur für den sogenannten Fremdenhaß entschuldigen, sondern auch noch für „deutsche" Terroristen. Verrückte Welt... Ich weiß, Du willst den Flüchtlingskindern helfen. Und es gibt ja auch kriminelle Deutsche. Obwohl – eine kriminelle deutsche Großfamilie konnte mir noch keiner dieser Überfremdungsleugner und Deutschenhaßrelativierer präsentieren. Nein, damit bist jetzt nicht Du gemeint. Ich bin davon überzeugt, daß Du wirklich nur Gutes tun möchtest. Nur leider richtet man manchmal damit mehr Schaden an, als daß jemandem geholfen wird. Denn wenn es hier genauso aussieht wie in der Dritten Welt, wer kommt uns dann zu Hilfe?

Leider bringt es nichts, mit demokratischen Politikern (egal welcher Partei) darüber zu reden. Warum? Weil Herr Schäuble offen bekannt hat, daß Deutschland kein souveräner Staat ist. Mit anderen Worten: Die Befehle, wie deutsche Politiker zu entscheiden haben, kommen von außen. Das ist ja spätestens seit der NSA-Spitzelaffäre kein Geheimnis mehr. Zumindest für diejenigen, die eins und eins zusammenzählen können. Deswegen kommen wir nicht drumrum, die aktuellen Probleme ohne „unsere" Politiker friedlich zu lösen.

Ach ja, schon mal was vom Hooton-Plan gehört? Wohl kaum. Aber Dich darüber zu informieren, überlasse ich mal Dir. Schließlich hast Du ja Phantasie...

Liebe Grüße,
Frank

Mein Postfach wurde in den nächsten Tagen mit Hunderten von Nachrichten geflutet, in denen mir die zumeist bürgerlich wirkenden Absender ihre vollste Zustimmung mitgeteilt hatten. Selbst der Umstand, daß ich mich selbst als Nationalist bezeichnet hatte, schien erfreulicherweise keinerlei negative Auswirkungen gehabt zu haben. Das läßt hoffen, daß mittlerweile auch Wahrheiten als solche erkannt werden, wenn ein politisch stigmatisierter Mensch sie ausspricht. Es deutet auf eine zu begrüßende Immunisierung in bezug auf die sogenannte Nazi-Keule hin. Diese Allzweckwaffe der Argumentationslosen erweist sich mittlerweile immer öfter als stumpf. Immer mehr Menschen nehmen lieber das Etikett „Rechtsradikal" in Kauf, als zu den unverbesserlichen Realitätsleugnern zu gehören, die unser Land in Not und Terror stürzen. Die Löschung meines offenen Briefs durch Til Schweiger spielt keine Rolle. Tausende von Menschen haben ihn damals gelesen – und dank dieses Buches ist er wieder für jeden verfügbar.

Musik als Trägermatrix

„Die Musik soll keine Tränen hervorlocken, sie soll dem Manne Feuer aus dem Geist schlagen."

Ludwig van Beethoven (1770 - 1827)

Sicherlich würden an dieser Stelle einige Leser erwarten, daß ich die einzelnen Stationen meines persönlichen musikalischen Werdegangs nachzeichne. Dem ist aber nicht so. In diesem Kapitel geht es um den allgemeinen Stellenwert, den Musik als ein potentieller Träger unserer Weltanschauung innehat und wie dieses Potential am effektivsten ausgenutzt werden kann.

Ein Weg, um seinen Gefühlen und Gedanken Ausdruck zu verleihen, ist die Musik. Wenn wir die Musik als Massenphänomen der Popkultur betrachten, stellen wir fest, daß es mehr um die Verpackung als um den Inhalt geht. Diese Oberflächlichkeit mag man zwar verurteilen, was jedoch keinen Einfluß auf diese Tatsache als unumstößlichen Fakt hat. Man braucht sich nur die Mühe zu machen, den Text eines der hochgejubelten englischsprachigen Lieder aus dem Radio ins Deutsche zu übersetzen, und man hat den Beweis für diese These erbracht. In der Regel reiht sich eine Platitüde an die nächste, wenn der Text überhaupt Sinn ergibt. Dennoch kommen diese Lieder bei der Masse der Menschen sehr gut an, da sie durch einen klaren und sauber produzierten Klang sowie einfache, aber eingängige Melodien angenehm für das Ohr klingen. Den Rest, also das Verarbeiten und Umwandeln der Botschaft in das eigene Denken, Fühlen und Handeln, besorgt unser Unterbewußtsein ganz automatisch. Die Musik dient somit als Trägermatrix einer bestimmten Lebensweise, wie sie sich die Erbauer der neuen Weltordnung vorstellen. Als Werkzeug dient unseren Gegnern dabei nicht nur eine einzige Musikrichtung, sondern so gut wie jede. Sie muß nur massen- und radiotauglich verpackt sein. Diese Wirkungsweise haben wir uns erst in letzter Zeit, jedoch in noch viel zu geringem Maße zunutze gemacht. Bis vor wenigen Jahren war es gängige Praxis, unsere Botschaften in abgeschotteten Subkulturen wie dem Rechtsrock und teilweise durch Black Metal zu artikulieren. Beide Subkulturen sind durch ihr martialisches Auftreten und die extremen Klänge nicht massenkompatibel und haben diesen Anspruch auch niemals erhoben. Das möchte ich fairerweise anmerken. Gerade der Black Metal legte besonders in seinen Anfängen viel Wert darauf, eben nicht von jedem gehört und gemocht zu werden, da man einen elitären Charakter bewahren wollte. Der Rechtsrock war stark durch die Skinheadkultur geprägt, was ebenfalls auf Ablehnung bei der breiten Masse gestoßen ist. Aus diesem Grunde blieben uns weite Teile gerade der jungen Deutschen verschlossen. Dieser Umstand zeigt uns, wie wichtig es ist, zwischen Szene und Bewegung zu unterscheiden. Nun haben Subkulturen als Ausdruck gesellschaftlichen Protests durchaus ihre Berechtigung. Sie sind aber keine effektiven Werkzeuge, einer Weltanschauung die nötige Reichweite zu liefern, die diese benötigt, um gestalterisch in großem Rahmen wirken zu können. Wenn wir erkannt haben, daß unser Gegner ein breites Arsenal an Musikstilen für sich nutzt, dann muß unser Arsenal mindestens ebenso breit aufgestellt sein. Erfahrungsgemäß wird der ein oder andere nun einwerfen: „Was habe ich mit einer oberflächlichen Pop- und Massenmusik zu tun? Genau das wollen wir doch eben nicht." Demjenigen sei gesagt, daß er nicht ganz verstanden hat, wie Propaganda funktioniert. Bei der Propaganda ist es wie beim Angeln. Der Köder muß dem Fisch schmecken und nicht dem Angler. Wobei dieser Vergleich keineswegs eine böse Absicht unsererseits implementieren soll. Das genaue Gegenteil ist der Fall. Wir wollen einen Gegenentwurf aufstellen, der jedoch nur dann angenommen wird, wenn die Menschen diesen überhaupt erst aufnehmen können. Diese nur in extreme Musikformen zu verpacken, schließt somit einen Erfolg dieses Vorhabens von vornherein aus.

Man könnte mir vorwerfen, daß ich mit *Stahlgewitter* eben so eine Subkultur bediene. Das stimmt nur bedingt. Zum einen haben unsere Texte nie szenetypische Inhalte wie Fußball, Party und den „Skinhead Way of Life", zum anderen weiß ich aus Erfahrung, daß unsere Musik genau aus diesem Grund außerhalb der sogenannten Szene ebensoweit verbreitet ist. Mit meinem anderen Musikprojekt namens *Halgadom* habe ich zwei weitere Musikstile abgedeckt. Zum einen Pagan Metal und zum anderen Neofolk. Die Texte bei diesem Projekt sind im Gegensatz zu *Stahlgewitter* weitestgehend unpolitisch und Ausdruck meiner philosophischen und mythologischen Facetten.

Obwohl ich viele Jahre in der Metalszene verkehrte und ebenfalls am Nachtleben der schwarzen Szene teilgenommen habe, fühlte ich mich nie im eigentlichen Sinne einer bestimmten Szene zugehörig. Es gibt diese 101prozentigen Szenevertreter, die ihren „Way of Life" oder den „Metalspirit" über alles stellen. Für mich waren die verschiedenen von mir genutzten Musikstile lediglich Ausdrucksformen meiner Gedanken und Gefühle und somit meiner Weltanschauung. Ich habe es in älteren Befragungen als das Propagieren einer vitalen Lebensphilosophie, also als Ausschöpfen alles geistigen und körperlichen Potentials, bezeichnet, das ich in verschiedene Klanggewänder gehüllt habe.

Man muß nicht krampfhaft eine politische Agenda vertonen, ist doch eine Weltanschauung weiter gefaßt als das Aufstellen politischer Forderungen. Es geht darum, unser Lebenskonzept zu vermitteln. Damit möchte ich an den eingangs ausgeführten Gedanken anknüpfen: Wir müssen Musik erschaffen, die massentauglich klingt, in der jedoch inhaltlich von elementaren Grundsätzen nicht abgewichen wird. Als konkrete Beispiele, wie gitarrenlastige und gut gespielte Rockmusik klingen kann, möchte ich Musikgruppen wie *Nickelback*, *Egypt Central* oder *Black Stone Cherry* nennen, obwohl auch deren Erscheinungsbild nicht unserem Ideal entsprechen möge. Deswegen betone ich es an dieser Stelle noch einmal ausdrücklich, um nicht mißverstanden zu werden: Wir sollen nicht wie diese Musikgruppen sein, sondern nur wie diese klingen. Wir sollen uns nicht kommerzialisieren und unseren Idealen abschwören, wie es einige für Popularität und Geld getan haben, nur um dann doch dem Gesetz der Schnellebigkeit zum Opfer zu fallen und nach relativ kurzer Zeit in der Bedeutungslosigkeit zu versinken. Die bekannten 15 Minuten Ruhm auf Kosten von Anstand, Selbstachtung und Würde. Unsere Lehre, die wir aus den Umständen ziehen sollten, ist die, daß wir unsere Botschaft so verpacken müssen, daß sie auch Gehör findet. Was nutzt die höchste Wahrheit, wenn sie niemand hören will? Und anhand der oberflächlichen Popkultur sehen wir, daß eine adäquate Verpackung die grundlegende Voraussetzung dafür ist, erfolgreich seine Inhalte zu verbreiten. Selbst dann, wenn sich die gesendete Botschaft auf das Wackeln von weiblichen Hinterteilen oder das Zurschaustellen dicker Autos und Goldketten beschränkt.

Der Erfolg gibt dieser Strategie nun mal recht, da darin die menschliche Natur berücksichtigt wird, die wir schnell als Oberflächlichkeit abtun. Wenn man eine Jugend nur mit geistigem Unrat füttert, kommt eine Jugend heraus, die weiterhin nur geistigen Unrat produzieren wird. Das liegt in der Natur der Sache, aber nicht in unserem Interesse. Wir wollen eine Hinauf- und keine Hinabzucht. Wir wollen Werte wie Heimatliebe, Freundschaft und Loyalität vermitteln und keinen Materialismus und Egoismus.

Durch die Dauerberieselung mit bunten Bildern in diversen Musikvideos wird ein Gewöhnungseffekt erzeugt, der zur Konditionierung führt und sich in Ausdrucksformen wie Sprache und Verhalten manifestiert, was wir leider immer wieder feststellen müssen. Unsere Aufgabe muß es daher sein, auf allen Ebenen und mit möglichst vielen Musikstilen ein Gegengift zum egalitären Zeitgeist zu erzeugen, das in seiner Professionalität dem Mainstream in nichts nachsteht. Unsere Inhalte sollen, wie bereits erwähnt, kein Herabziehen, sondern ein Hinaufhelfen sein, und das nicht nur materiell, sondern auch geistig. Wir sind auf einem sehr guten Weg dorthin. Gerade bei Musikstilen wie Hardcore oder Hip Hop, was zugegebenermaßen nicht unbedingt meinen persönlichen Geschmack trifft, aber hier keine Rolle spielt, sind bereits Musikgruppen am Start, die genausogut auf kommerziellen Radio- und Fernsehsendern laufen könnten, wären ihre Texte systemkonform. Doch genau das unterscheidet sie vom Mainstream: die Botschaft. Obwohl unsere Botschaft eine andere ist, wird man uns Gehör schenken. Der Katheter ins Unterbewußte ist gelegt. Es muß jedoch anstatt des Giftes der Kulturimperialisten unser Gegengift fließen.

Leider sind Frauen, die sich im nationalen und patriotischen Musikbereich betätigen, deutlich unterrepräsentiert. Warum nicht mal eine Band wie *Silbermond* mit nationalen Texten? Gerade Frauen sind in der Lage, emotionale Texte gefühlvoller zu transportieren als Männer. Positive Ausnahmen, die erwähnenswert sind, wären Melanie von *Kontrakultur Halle* oder das Musikprojekt *Wut aus Liebe*.

Was neue Musikstile wie Hip Hop betrifft, so wurde beim Aufkommen seiner rechten Variante der Vorwurf laut, hier würde man „Negermusik" adaptieren. Das mag natürlich stimmen, nur überwiegt in diesem Fall der Effekt der Reichweite. Zu meiner Jugendzeit waren Rock und Metal die Proteststile meiner Generation. Die heutige Generation hat eine andere Ausdrucksform gewählt. Ausdrucksformen unterliegen dem Wandel der Zeit und besitzen keinen Ewigkeitscharakter. Es gab beispielsweise eine Zeit, in der der deutsche Adel nur französisch gesprochen hat. Und als man den Untergang der deutschen Sprache schon für besiegelt gehalten hatte, gab es dennoch eine Wende. Man sollte also nicht zu vorschnell alles zu negativ sehen. Selbstverständlich ist Sprache ein Hauptbestandteil einer Kultur. Doch Sprache kann man wiedererlernen, zerstörte Gebäude nach einem Krieg wiederaufbauen. Irreversibel ist das Verschwinden eines Volkes durch Vermischung und Geburtenschwund.

Ein weiterer Einwurf von verbohrten Zeitgenossen ist, daß Rockmusik „Negermusik" sei, da man sich beim Rock an der Blues-Tonleiter orientiere. Hier kann man genausogut die genaue Gegenbehauptung aufstellen: Da die E-Gitarre eine Erfindung von Weißen ist, ist jede Musikrichtung, die damit gespielt wird, weiße Musik. Ob man dieser Logik folgen möchte, muß jeder für sich selbst entscheiden. Gut gespielter Rock oder Metal hat für mich weniger mit Blues als mehr mit klassischer Musik zu tun. Wenn ich Bands wie *Arch Enemy* oder *Scare Symmetry* höre, denke ich eher an ein Symphonieorchester als an schwarze Bluesmusiker. Ein weiteres Beispiel ist das Saxophon. Dieses Blasinstrument wurde 1840 von Antoine Joseph Sax, einem Belgier, erfunden. Dieses Instrument ist aus Musikstilen wie Jazz oder Swing, die von Schwarzen dominiert werden, nicht mehr wegzudenken. Macht diese Tatsache nun Jazz oder Swing zu weißen Musikstilen? Und wie verhält es sich eigentlich mit dem Aneignen fremder kultureller Errungenschaften? Dürfen Schwarze überhaupt Instrumente nutzen, die von Weißen erfunden wurden? Schließlich ist es ja schon kulturelle Vereinnahmung, wenn Weiße beispielsweise Dreadlocks[16] tragen. Doch dieses durchaus interessante Thema soll an dieser Stelle nicht weiter erörtert werden.

Es ist davon auszugehen, daß wir in Zukunft auf weitere Musikstile zurückgreifen oder sogar eigene selbst erfinden werden, und das

---

16 www.deutschlandfunk.de/popkultur-debatte-was-ist-kulturelle-aneignung.de

ist gut so. Wir erleben, daß immer breitere Schichten unseres Volkes aufgrund der verheerenden Zustände aufwachen und offen für unsere Positionen werden. Es werden sich uns also immer mehr Menschen mit unterschiedlichen Geschmäckern anschließen, die wiederum ihre favorisierten Musikstile als Ausdrucksform wählen werden, um ihre und somit unsere Botschaften musikalisch umzusetzen. Auch das nennt man Evolution.

Multikulti trifft Nationalismus

„Menschen verlieren wie Nägel ihren Nutzen, wenn sie anfangen, sich zu verbiegen."

Walter Savage Lando (1775 - 1864)

Gemeinsam mit Nana Domena, einem Einwanderer mit ghanaischen Wurzeln, betreibe ich seit 2016 das Projekt „Multikulti trifft Nationalismus". Auf Grund unserer unterschiedlichen persönlichen Hintergründe sticht dieses Projekt aus all den interaktiven Medienprojekten des Internets hervor und dürfte in dieser Form als einzigartig gelten. Bis auf ein ähnliches Projekt aus den USA ist mir nichts dergleichen bekannt. Dort hat sich der schwarze Musiker Daryl Davis mit Mitgliedern des Ku Klux Klan getroffen, um deren Sichtweise besser zu verstehen. Ob es dort ebenfalls zu größeren Diskussionsrunden und geladenen Gästen wie bei unserem Projekt kam, entzieht sich meiner Kenntnis.

Kennengelernt haben Nana Domena und ich uns auf einer Pegida-Demonstration in Köln im Januar 2016. Nana Domena war vor Ort, um mit Pegida-Demonstranten sowie der Gegenseite zu sprechen und um mehr über die Motivation der Demonstrierenden zu erfahren. Grund der Demonstration waren die massenhaften sexuellen Übergriffe in der Silvesternacht von 2015 auf 2016 auf Frauen durch vornehmlich junge Männer aus Nordafrika und dem Nahen Osten. Die Situation war entsprechend emotional aufgeladen, und nicht bei jedem Pegida-Demonstranten stieß Nana Domenas Vorhaben auf Gegenliebe. Viele verstanden es als eine Art der Provokation, daß jemand bei der Pegida-Demonstration auftaucht, der offensichtlich derselben Ethnie wie jener der Täter angehört. Was mich betrifft, so hat meiner Meinung nach jeder das Recht auf eine höfliche Antwort, wenn er eine höfliche Frage stellt. Als ich ihn sah, gepflegt im Anzug und akzentfreies Deutsch sprechend, wirkte er wie einer dieser Vorzeigemigranten, wie sie uns die Medien gerne als schillerndes Beispiel für gelungene Integration verkaufen wollen. Als wir begannen, uns zu unterhalten, waren wir sofort von Kameras diverser Staatsmedien umringt, die jedoch schnell das Interesse verloren hatten, nachdem klar wurde, daß sich zwei erwachsene Männer ganz normal unterhalten würden. Nana Domena stellte anfangs direkt klar, daß er die Übergriffe ebenso abscheulich findet und frug, ob denn unserer Meinung nach alle Ausländer, somit auch arbeitende Nichtdeutsche wie er, das Land verlassen müßten. Ich habe ihm dann meinen Standpunkt erklärt, daß ein kleiner Prozentsatz an Fremden niemanden stören würde, er jedoch meiner Meinung nach in keiner Weise repräsentativ für die Masse der hier lebenden Ausländer sei. Anhand des sogenannten Miri-Klans habe ich versucht, ihm das Problem der Parallelgesellschaften zu verdeutlichen. Als Gruppe von 150 Asylanten in den 1970ern nach Deutschland gekommen, zeichnet dieser Familienclan, der mittlerweile über 2500 Mitglieder zählt, für schwerste Straftaten in der Organisierten Kriminalität verantwortlich. Der Staat schaut zu und verschärft durch die anhaltende unkontrollierte Masseneinwanderung diese Zustände. Durch die Inkompatibilität von Kulturen entstehen Konflikte, die es ohne Zuwanderung nicht geben würde und die sich wie auf dem Balkan in Bürgerkriegen entladen werden, wenn keine politische Wende eintritt. Als Beispiele zählte ich die Konflikte der Türken und Kurden, der Israelis und Palästinenser und der Sunniten und Schiiten auf. Die einzige Lösung seien Abschiebungen, um dieses Völkerchaos zu entflechten und das Konfliktpotential zu entschärfen. Nana Domena hörte sich meine Ausführungen an und filmte diese mit einer kleinen Handkamera mit. Das war mir gar nicht bewußt, da ich dieses Gerät zuerst für ein Mikrofon gehalten hatte.

Als wir unser Gespräch beendet hatten, sah ich, wie einige Reporter zu Nana Domena kamen und offensichtliches Interesse an seiner Person zeigten. Daraufhin ging ich ebenfalls noch einmal zu ihm hin und fragte ihn, wer er eigentlich sei. Er erzählte mir, daß sein Name Nana Lifestyler Domena sei und er in Köln durch seine Aktivitäten im Entertainmentsektor recht bekannt sei. Die mit mir gemachten Aufnahmen würde er in einem Video verarbeiten, das er auf seinen Kanal stellen möchte. Auf Facebook wäre er leicht zu finden, und dort würde ich das Video finden. Im ersten Moment war es mir eher unangenehm, Teil eines YouTube-Videos zu sein. Im nachhinein jedoch zu verlangen, die Aufnahmen zu löschen, erschien mir unangebracht. Um so mehr war ich auf das Ergebnis des Zusammenschnitts gespannt.

Kurz darauf erschien tatsächlich das Video, und ich muß zugeben, daß ich positiv überrascht war. Es ist hinlänglich bekannt, wie manipulativ und tendenziös der Qualitätsjournalismus in der Bundesrepublik arbeitet. Daß in diesem Fall jedoch ausgerechnet ein schwarzer Einwanderer ganz ohne diese Mittel einen Beitrag über eine Pegida-Demonstration zurechtschneidet, hätten wohl weder die Gegner noch die Befürworter dieser Demonstration für möglich gehalten. Natürlich wurde sicherlich aus Zeitgründen unser Gespräch nur auszugsweise verwendet, ging es doch um die Demonstration im allgemeinen. Dem Sachverhalt tat dies keinen Abbruch. Einzig der Titel des Videos „Nana in Gefahr" war vielleicht etwas reißerisch gewählt, da wirkliche Gefahr für Nana Domena zu keiner Zeit bestand. Als übliches Stilmittel sei darüber hinwegzusehen. Für seine Aufrichtigkeit hinterließ ich ihm einen Dank in Form eines Kommentars unter dem Video. Im Gegenzug stellte ich seine kommunikative Seite auf die Probe und machte ihm das Gegenangebot, ihn für meinen Wordpress-Blog *Der dritte Blickwinkel* zu befragen. Als Connector, so bezeichnet sich Nana Domena selber, bringt er schließlich die unterschiedlichsten Menschen zusammen. Tatsächlich ging Nana Domena auf meinen Vorschlag ein, und wir stellten uns gegenseitig Fragen und beantworteten diese. Das Ergebnis war ein recht ausführliches Gespräch von über 13 DIN-A4-Seiten. Am Ende trafen wir uns noch einmal persönlich am Kölner Hauptbahnhof. Nana erzählte mir von seinen Umständen, wie er nach Deutschland gekommen war, und wir unterhielten uns über die aktuelle Lage in Deutschland. Dann fragte er mich, was ich von einem Abschlußvideo unserer Begegnung halten würde. Das Drehen von Videos sei sein Beruf, und unsere Geschichte wäre ein interessantes Thema. Interviews zu geben, war für mich generell nichts Neues, die Form im Videoformat sehr wohl. Dazu kamen die möglichen Konsequenzen, die in der Regel die ganze Familie betreffen können, wenn man erst einmal in der Öffentlichkeit steht. Somit wurde abgewogen und entschieden, daß es in der jetzigen, sich zuspitzenden Situation wichtiger sei, den Mund aufzumachen und Gesicht zu zeigen, so lange es noch möglich ist. Wenn alle unsere Befürchtungen eintreten würden und dieses Land am Boden liegt, wäre es ein fataler Irrtum gewesen, diese Gelegenheit nicht genutzt zu haben. Natürlich wäre es töricht zu glauben, daß man mit einem Video den drohenden Untergang aufhalten könnte. Es ist vielmehr der innere Anspruch zu wissen, daß man alles getan hat, was in seiner Macht steht, Dinge zum Guten zu verändern. Man will irgendwann noch in den Spiegel schauen können. Gesagt, getan. Wir trafen uns im Weidenpescher Wald in Köln und führten ein ungezwungenes Gespräch über unser Kennenlernen auf der Pegida-Demonstration, die Silvesternacht, Integration und Zuwanderung und die interessierten Kreise, die einen Nutzen aus den jetzigen Verhältnissen schöpfen. Für mich war es das erste Mal, daß ich vor der Kamera stand und eine gewisse Skepsis hatte ich immer noch. Nana Domena sicherte mir zwar zu, daß nichts veröffentlicht werde, womit ich nicht zufrieden sei, doch weiß unsereiner zu genau, wie das Gesagte im nachhinein nicht unbedingt das ist, was später gezeigt wird. Die Erfahrungen mit dem Mainstream halten dazu an, Vorsicht walten zu lassen. Selbst wenn man vor der Kamera sein Bestes gibt, entscheidet immer noch derjenige, der das Material zusammenschneidet, ob jemand wie ein totaler Trottel oder als vernünftiger Gesprächspartner rüberkommt. Meine Zweifel haben sich jedoch nicht bestätigt, und nach dem Dreh lief alles professionell und wie abgesprochen ab. Nana Domena hat sein Wort gehalten, und ich hatte sogar Einfluß darauf, welche Szenen genommen wurden. Erst als wir beide mit dem Ergebnis zufrieden waren, wurde das Video hochgeladen. Zeitgleich veröffentlichte ich die mit Nana Domena geführte Befragung auf meinem Blog und baute in den Beitrag gleich das Video ein. Nun warteten wir gespannt auf die Reaktionen. Zu unserer beider Überraschung war die Resonanz lagerübergreifend mehr als positiv. Natürlich gab es gehässige Kommentare wie: „Unglaublich! Der naive Schwarze bietet einem Nazi eine Plattform für seine rechtsradikale Hetze." Davon war selbstverständlich auszugehen. Doch hielten sich derartige Parolen stark in Grenzen. Interessanterweise gab es diese negativen Äußerungen eher aus dem Lager der angeblich moralisch überlegenen Toleranten und Weltoffenen als vom sogenannten rechten Rand, sollten sich doch vor allem und gerade erstere über unsere völkerverbindende Zusammenkunft freuen. Doch anstatt der Freude machte sich eher das Entsetzen breit, da hier plötzlich alle Schubladen des Denkens durcheinandergeraten waren und das wohlgehegte Weltbild auf dem Kopf stand. Was zum Teufel machen dieser Schwarze und der Rechtsradikale vor der Kamera?

Natürlich gab es ebenfalls Kommentare wie: „Was ist das für ein Nationalist, der sich mit einem Besatzer aus Afrika unterhält. Der Neger ist der Feind!" Solche Äußerungen waren die absolute Ausnahme und lagen in ihrer Anzahl weit hinter denen der Gutmenschenfraktion zurück.

Mich persönlich hatte übrigens nur ein einziger entsetzter Kamerad angeschrieben, der mir vorwarf, wie ich denn als Gitarrist der Band *Stahlgewitter* unsere Ideale und Standpunkte nur verraten konnte. Da ich für konstruktive Kritik immer offen bin, fragte ich höflich nach, welche Ideale im einzelnen das denn sein mögen. Darauf kam leider keine Antwort, was jedoch nicht verwundert. In Wahrheit gibt es keinen einzigen Aspekt meiner Weltanschauung, der verraten oder aufgeweicht wurde. Ich habe diese lediglich in einem höflichen Ton einem schwarzen Einwanderer erklärt, der sich dafür interessiert hat. Nicht mehr und nicht weniger. Wenn es eines schwarzen Mannes bedarf, über uns objektiv zu berichten und sich sachlich mit uns auseinanderzusetzen, da unsere eigenen Landsleute dazu anscheinend nicht willens oder nicht in der Lage sind, dann ist das eher Ironie des Schicksals als ein verwerfliches Unterfangen. Ich wäre der Letzte, der sich einem offenen Gespräch mit einem Linken verweigern würde. Nur findet sich kein Linker, der an ebenso einer sachlichen Auseinandersetzung Interesse hätte. Derlei Anfragen von Domenas und meiner Seite wurden ausgeschlagen oder ignoriert. Aus diesem Grunde fanden sich in künftigen Gesprächen nur Migranten, die mit mir diskutiert haben. Doch dazu an späterer Stelle mehr.

Im zweiten Video gingen Nana Domena und ich auf einzelne Kommentare ein, die unter das erste Video gesetzt wurden. Unter anderem bekannte ich mich zum Abstammungsprinzip und erläuterte, warum Nana Domena für mich kein Deutscher werden kann. Nicht aus dem Standpunkt heraus, daß ich ihm dies verwehren wollte, sondern, weil er es faktisch nicht sein kann. Ebenso werde ich nie ein Kongolese oder Chinese werden können, da ich ganz offensichtlich europäischer Abstammung bin. In diesem Zusammenhang bin ich auf den Unterschied von Staatsangehörigkeit und Volkszugehörigkeit eingegangen. Nana Domena nutzte die Gelegenheit, darauf hinzuweisen, daß es ihm einfach darum ginge, sich unvoreingenommen einer anderen Sichtweise zu nähern, ohne diese im Vorfeld zu verurteilen. Im Grunde also, was ehrlichen Journalismus ausmachen sollte.

Es war an der Zeit, einen Schritt weiter zu gehen. Nana Domena wurde bereits vorgeworfen, einem Rechtsradikalen eine Bühne zu geben. Diese Bühne sollte nun mit anderen Menschen geteilt werden. Mitte Juni 2016 veranstalteten wir unter dem Titel „Ist die Integration noch zu retten?" eine Podiumsdiskussion in Köln. Alle etablierten Parteien wurden angeschrieben und eingeladen, sich an dieser Diskussion zu beteiligen. Dieses Angebot wurde leider rigoros ausgeschlagen. Im Vorfeld versuchte man Druck auf Nana Domena auszuüben, um diese Veranstaltung zu verhindern. Dazu trat man an einen seiner Großkunden heran. Dieser sollte auf Nana Domena einwirken, um die Veranstaltung in letzter Minute doch noch platzen zu lassen. Glücklicherweise scheiterte dieses Vorhaben, und die Veranstaltung konnte nach einigen organisatorischen Schwierigkeiten und vielem Hin und Her der geladenen Gäste stattfinden. Einige Zusagen diverser Diskutanten wurden plötzlich widerrufen, da man doch nicht mit bestimmten Personen an einem Tisch sitzen wollte. Anwesend waren am Ende neben Nana Domena und mir Vertreter unterschiedlicher politischer Richtungen wie Jan Sicars (Piratenpartei), Christopher von Mengersen (Pro NRW), Dr. Bernd Liedtke (Integrationsexperte), David Schah (Libertärer) und ein marokkanischer Künstler. Vor der Bühne sah es genauso bunt aus. Nationalisten, Ausländer, Linke und Freidenker versammelten sich, um dieser ungewöhnlichen Konstellation an Meinungsvertretern zu lauschen. Der Umgang auf dem Podium verlief absolut respektvoll, und das Publikum war bis auf ein paar Zurufe, die sich auf einige getätigte Äußerungen des Herrn Integrationsexperten bezogen, durchgängig friedlich.

Eine Dame vom *General-Anzeiger* war als Vertreterin der Mainstreampresse zugegen und sollte einen Artikel über unsere Veranstaltung schreiben. Leider ist dieser nie erschienen. Auf Rückfrage von Nana Domena hieß es, man könne dieses komplexe Thema seinen Lesern nicht in einem Artikel näherbringen. Dies läßt tief blicken, für wie intelligent der *General-Anzeiger* seine Leser hält. Man munkelte, daß Angst vor der Antifa, die wegen eines wohlwollenden oder gar objektiven Berichts auf den Plan hätte treten können, ebenfalls dazu geführt hat, diese Veranstaltung lieber nicht zu erwähnen.

In der Nachbetrachtung zu dieser Veranstaltung hätte man durchaus etwas offensiver gegenüber der Gegenseite argumentieren können. Für mich persönlich sah ich diese Podiumsdiskussion als eine Art Einstieg. Oder doch eher als Sprung in das kalte Wasser? Bühnenauftritte lagen mir eine lange Zeit gar nicht. Das war mit einer der Gründe, warum sich meine Konzertaktivitäten mit *Stahlgewitter* sehr in Grenzen hielten. Heute liegt es eher an akutem Zeitmangel, weshalb Gigi auf seine Live-Musiker zurückgreift. Meinen Platz sah ich mehr im Hintergrund als im Rampenlicht. Doch jeder wächst an seinen Herausforderungen. Meine habe ich nun gefunden.

Nach dieser Podiumsdiskussion ging es weiter. Als ersten Studiogast konnten wir Tarek Mohamad begrüßen. Dieser wurde durch den medialen Mainstream gereicht, nachdem er über sein Facebook-Profil zu mehr Respekt vor denjenigen aufrief, die hier schon länger leben. Das klang so: „Wann immer ich mein Facebook sehe, sehe ich meine Landsleute wie sie mit Geld protzen, gegen Türken oder Kurden hetzen, gegen deutsche hetzen, gegen schwule und Lesben Hetzen. Salafisten oder IS Bastarden Zuspruch geben und meinen das wir Moslems irgendwann Europa einnehmen." Und weiter: „Ich will in FRIEDEN mit meinen Türkischen, Deutschen, Kurdischen und Jüdischen Brüdern und Schwestern leben!"[17] (Rechtschreibfehler im Original). Das klingt alles erst einmal sehr vernünftig. Nur ließ Tarek Mohamad davon während seiner Diskussion mit mir nichts mehr erkennen. Plötzlich gab es während der Silvesternacht in Köln keine Vergewaltigungen und sexuellen Übergriffe, sondern nur noch Taschendiebstähle. Deutschland wäre aufgrund seiner Waffenlieferungen selbst für die Flüchtlingsströme verantwortlich, und überhaupt solle man kriminellen Ausländern eine zweite Chance geben, anstatt sie gleich auszuweisen. Von kritischen Tönen seinen Glaubensbrüdern gegenüber war plötzlich gar keine Rede mehr. Vielmehr sollten sich die Deutschen bei der Integration mehr anstrengen, auf die Fremden zugehen und den Islam als friedliche Religion akzeptieren. Was den

---

17 https://www.welt.de/vermischtes/article157349387/Der-bewegende-Aufruf-eines-Muslims-an-seine-Glaubensbrueder.html

Zuschauern da geboten wurde, war die übliche Palette an Deutschenhaßrelativierung und Überfremdungsleugnung, wie man es tagtäglich in den Medien hört und liest. Der ewig grimmig dreinblickende Deutsche auf der einen, der sonnenhafte, aber mißverstandene Migrant auf der anderen Seite. In den Kommentarspalten wurde auch genau das erkannt und bemängelt, und somit hat sich Tarek Mohamad selbst die Maske vom Gesicht gerissen. Was man als typische Parteiergreifung für die eigene Klientel abtun könnte, war aber erst der Anfang. Als das Video unserer Diskussion hochgeladen wurde, teilten Tarek so wie auch ich diesen Beitrag von Nana Domenas Profil in unseren eigenen Chroniken. Hier hat Tarek bewiesen, daß Kritikfähigkeit nicht zu seinen Stärken gehört. Es kam zu Pöbeleien und Beleidigungen. Auch gegen mich adressierte Tarek einige Unverschämtheiten und Ungeheuerlichkeiten, die ich hier nicht weiter kommentieren möchte.

Jener Tarek Mohamad war übrigens Mitorganisator der äußerst schlecht besuchten Demo, die am 17. Juni 2017 in Köln stattfand, und bei der Muslime gegen islamistischen Terror auf die Straße gingen. Diese Demonstration wurde bundesweit über die Mainstreampresse angekündigt, und man erwartete vollmundig weit über 10 000 Teilnehmer. Erschienen sind um die tausend Menschen, wovon nicht einmal die Hälfte Moslems waren. Der Vorsitzende des Zentralrats der Muslime, Aiman Mazyek, verweigerte völlig seine Unterstützung und verstieg sich sogar zu der Aussage, daß man im Fastenmonat Ramadan keinem Gläubigen zumuten könne, bei heißen Temperaturen die Strapazen dieser Demonstration auf sich zu nehmen.

Daß es auch anders geht, bewies der pakistanischstämmige Youtuber Feroz Khan, Ex-Moslem und AfD-Wähler, der mit seinem Kanal *achse:ostwest* einwanderungskritische Videos veröffentlicht. Ende Mai 2018 führte ich mit ihm ein sehr interessantes Gespräch, welches von Nana Domena moderiert wurde.

Ganz nebenbei führt dieses Projekt sogenannte Aussteiger ad absurdum, die ihren Ausstieg damit begründen, einen netten Ausländer kennengelernt zu haben. Wenn das der tatsächliche Grund gewesen sein soll, sagt das sehr viel über das vorherige Weltbild dieser Person aus. Mit Nationalismus kann es jedenfalls nicht im entferntesten zu tun gehabt haben. Es sei denn, man stellt Nationalismus auf eine Stufe mit irgendwelchen billigen Hollywood-Klischees, welche uns die Gegenseite ständig anzudichten versucht. Auf solches Personal verzichtet die Bewegung gerne.

Teil 3
Weltanschauung

Ideologie und Weltanschauung

„Handle so, daß Du überzeugt sein kannst, mit diesem Handeln auch Dein Bestes und Äußerstes dazu getan zu haben, die Menschenart, aus der Du hervorgegangen bist, bestands- und entwicklungsfähig zu halten."

Erwin Guido Kolbenheyer (1878 - 1962)

Eine reiche Sprache zeichnet sich dadurch aus, daß sie die feinen Abstufungen von Begriffen differenziert erläutern kann. Diese Abstufungen der Bedeutungen kommen erst dann schließlich zum Tragen, wenn man sich bewußt wird, daß diese überhaupt existieren und in welchem Rahmen gewisse Begriffe zur Anwendung kommen. Gerade durch diese Differenzierung erhalten Worte eine viel klarere Bedeutung, und wir können viel treffender beschreiben, was wir meinen. Ein Begriffspaar, welches wir unterscheiden müssen, ist zum einen die Ideologie und zum anderen die Weltanschauung. Es mag zu den jeweiligen Begriffen und ihrer Bedeutung umfassende Werke und Doktorarbeiten geben. Mein Anliegen ist daher eine alltagstaugliche Differenzierung.

Beide Begriffe werden oft gleichbedeutend verwendet, was diesen jedoch nicht gerecht wird. Denn das eine ist nichts weiter als Wunschdenken, das andere faktenbasiertes Wissen. So werfen uns unsere Gegner häufig vor, wir würden eine menschenverachtende Ideologie vertreten. Nichts entspricht weniger den Tatsachen als diese Unterstellung. Denn erstens vertreten wir keine Ideologie, sondern eine Weltanschauung, zweitens sind wir nicht menschenverachtend, sondern achten die Menschen, wie sie sind. Dazu gehört z.B. das Anerkennen von natürlicher Ungleichheit. Wir sind somit in der Lage, Unterschiede zu erkennen, was jedoch innerhalb eines gleichmacherischen Zeitgeistes nicht gewollt ist. Ein anderes Wort für unterscheiden lautet diskriminieren. Aus böser Absicht oder Unwissenheit wird dieses Wort fälschlicherweise mit „benachteiligen" gleichgesetzt. Man will uns auf diese Weise die Fähigkeit zu unterscheiden abtrainieren, damit dieses natürliche Verhalten einer konstruierten egalitären Ideologie Platz macht. Unsere Weltanschauung erachtet hingegen die natürliche Mannigfaltigkeit in Form von Völkern, Rassen und Geschlechtern als wertvoll und möchte diese als Ausdruck göttlicher Ordnung erhalten.

Ideologien wie Liberalismus oder Marxismus, die heute breiten Raum im Denken der Menschen eingenommen haben, leugnen diese Unterschiede zugunsten ihrer egalitären Theorien einer angenommenen Gleichheit. Diese angenommene Gleichheit hat es jedoch tatsächlich nie gegeben und wird es auch niemals geben. Denn wäre diese Gleichheit natürlichen Ursprungs, müßte man diese nicht erst mit aller Gewalt durch sogenannte „Antidiskriminierungsgesetze" erzwingen. Bei diesem Versuch kommt man auf die irrwitzigsten Ideen, wie z.b. die Behauptung, daß es keine Rassen gebe und Geschlechter nichts weiter als soziale Konstrukte seien. Seltsamerweise darf laut dem Grundgesetz, Artikel 3, jedoch keiner wegen u. a. dieser beiden Kriterien benachteiligt oder bevorzugt werden. Also auf Grund von Merkmalen, die angeblich gar nicht existieren?

Eine Weltanschauung richtet sich nach der natürlichen Ordnung und ihren Naturgesetzen. Sie ist dadurch lebensbejahend. Eine Ideologie ignoriert oder leugnet diese Naturgesetze und führt deswegen unweigerlich zu Chaos, Tod und Zerstörung, da sie Mensch und Umwelt in eine widernatürliche Form zu pressen versucht. Auf Dauer läßt sich dieses lebenswidrige Handeln nicht konsequenzlos fortsetzen. Der Wachstumszwang des internationalen Kapitals und somit der Wachstumszwang der Wirtschaft ist ebenfalls solch eine dogmatische Ideologie, die gerade unseren Planeten zerstört und auf genauso einer widernatürlichen Ideologie basiert: der Lüge vom unbegrenzten Wachstum.

Sehr deutlich tritt der Unterschied dieser beiden Gedankenwelten hervor, wenn Weltanschauung und Ideologie aufeinandertreffen. Nehmen wir als Beispiel eine Diskussion zum Thema Massenimmigration. Während Einwanderungskritiker auf die tatsächlichen sozioökonomischen Verwerfungen, die kulturelle Inkompatibilität gewisser Gruppen zueinander und den daraus entstehenden sozialen Sprengstoff hinweisen, phantasiert der Ideologe etwas von „Verantwortung", von „moralischer Verpflichtung" oder wiederholt mantraartig seine auswendig gelernten Parolen wie „Wir schaffen das!" Das Ergebnis der aus dieser Ideologie resultierenden Politik bekommen wir jeden Tag mit Meldungen über Terror, Mord und Vergewaltigung präsentiert. Beide Begriffe haben dennoch etwas gemeinsam: die Idee. Eine Weltanschauung prüft diese Idee, gleicht sie mit der Realität ab und nimmt diese auf, wenn sie sich mit der Realität im Einklang befindet. Wenn sie im Widerspruch zu den Lebensgesetzen steht, wird diese Idee als schädlich erkannt und verworfen. Eine Ideologie hingegen hält krampfhaft auch an widernatürlichen Denkweisen fest, was wir am Dogma einer angeblichen Alternativlosigkeit zur herrschenden Politik erkennen können. Eine Weltanschauung ist selbstverständlich nicht unfehlbar und entwickelt sich immer weiter. Sie ist dynamisch, undogmatisch und wächst mit neuen Erkenntnissen aus Wissenschaft und Forschung. Sie orientiert sich an der tatsächlichen Lebenswirklichkeit und an Fakten. Eine Ideologie hingegen fußt auf irgendwelchen Ideen, wie Dinge nach Ansicht von einigen Individuen sein sollten. Es handelt sich also hier eher um Wunschdenken und intellektuelle Konstrukte, die meist einer gewissen Lebensferne und Realitätsleugnung entspringen, mögen sie auch gutgemeint sein. Nehmen wir als weiteres Beispiel die multikulturelle Gesellschaft. Eine Weltanschauung wie der Nationalismus steht für den souveränen Nationalstaat. In diesem Nationalstaat lebt ein zu möglichst hohen Anteilen homogenes Volk. In diesem Volk hat jedes Individuum die maximale Freiheit, sich persönlich zu entfalten, da nur in einer homogenen Gemeinschaft dieselben Werte gelebt werden. Wie sieht es dagegen in der angeblich bunten und vielfältigen multikulturellen Gesellschaft aus? Dort wird mit repressiven Maßnahmen in Form von Denk- und Sprechverboten die freie Rede unterdrückt, weil sich ständig irgendwer durch irgendwen beleidigt fühlt. Begriffe wie Negerkuß und Zigeunerschnitzel werden getilgt, im vorauseilenden Gehorsam oder auf Druck islamischer Gemeinden verzichtet man auf althergebrachte Feste oder deutet diese „kultursensibel" um. Kritik wird am fremden sonnenhaften Herrenmenschen per se verboten, und die so hochgeschätzte Kultursensibilität fordert man im Gegenzug beim Fremden natürlich nicht ein. Der sogenannte gesellschaftliche Zusammenhalt geht somit auf Kosten der Einheimischen, die in ihren Freiheiten und in ihrer Persönlichkeit massivst eingeschränkt werden, was bis zur totalen Selbstverleugnung und Selbstaufgabe führen kann. Und wenn das Eigene nicht mehr besteht, geht logischerweise auch etwas von der hochgelobten Vielfalt verloren, deren Teil man schließlich ist. Es entsteht somit das genaue Gegenteil von Vielfalt. Auch das sind alles Tatsachen, die wir täglich erleben und die somit nachprüfbar sind. Obwohl die Nachteile der multikulturellen Gesellschaft für uns Einheimische überwiegen, hält man „alternativlos" an dieser inländerfeindlichen Ideologie, der sogenannten Willkommenskultur, fest.

Anhand dieser einfachen Beispiele erkennen wir, daß Ideologie und Weltanschauung sehr wohl Unterschiede in ihrer Bedeutung aufweisen. Im Gegensatz zu Ideologen sind die Anhänger einer Weltanschauung in der Lage, zu reflektieren, zu differenzieren und abzuwägen. Ideologen argumentieren meist emotional und weichen dargelegten Fakten mit Verallgemeinerungen aus. Auf diese Unterschiede müssen wir hinweisen, um unser positives Weltbild, ganz egal, was unsere Gegner hineininterpretieren, von jenen seltsamen Konstrukten abzugrenzen, die dem Zeitgeist entsprechend als modern gelten und leider ohne zu hinterfragen übernommen werden.

Was bedeutet Authentizität?

„Wenn Du mit mir konversieren möchtest, definiere zuerst Deine Termini."

Voltaire (1694 - 1778)

Am 4. November 2017 hielt ich das erste Mal beim *Seminar für rechte Metapolitik* diesen Vortrag zum Thema Authentizität. Seitdem habe ich diesen Vortrag zu weiteren Anlässen, und in etwas abgeänderter Form und den aktuellen Gegebenheiten angepaßt, gehalten.

Herzlichen Dank für die Einladung und daß ich heute in diesem Rahmen sprechen darf. Ein leidiges Thema ist die Zersplitterung des deutschfreundlichen Lagers. Zum einen ist es gut, daß es verschiedene Strömungen gibt. Wir kennen die Kameradschaften, die parteigebundenen Kräfte, Konservative, Nationalisten, Patrioten, Identitäre. Durch diesen Facettenreichtum findet jeder seinen Platz, um sich für Deutschland einzusetzen. Alles hat jedoch mindestens zwei Seiten. Die Kehrseite ist hierbei die leidliche Distanziererei. Das ist kein aktuelles Problem, sondern diese gab es schon immer. Nicht nur alte und neue Rechte, sondern selbst der Nationale Widerstand an sich ist sehr heterogen. Es ist auch kein typisch deutsches Problem, sondern ein menschliches. Trotzdem sollten wir uns nicht damit abfinden, sondern damit aufhören, uns gegenseitig Knüppel zwischen die Beine zu werfen. Ich möchte hier nicht ausführen, welche Weltanschauung die beste ist, sondern es geht mir um Grundsätzliches: um Authentizität. Warum es viel wichtiger ist, authentisch zu sein, als wie sich jemand diesem oder jenem Lager zuordnet, möchte ich mit diesem Vortrag erläutern.

Authentisch bedeutet laut Duden soviel wie „echt, den Tatsachen entsprechend und daher glaubwürdig." Mit Authentizität haben wir die Möglichkeit, uns von den demokratischen Politdarstellern positiv abzuheben. Nehmen wir als Beispiel einfach mal einen dieser überbezahlten Funktionäre, dem ein Skandal oder eine Verfehlung nachgewiesen wird. Der sagt ja nicht, er war es oder er war es nicht, sondern irgendetwas dazwischen. Dann kommen leere Worthülsen wie: Ich räume ein, daß ich gegebenenfalls etwas mit der angesprochenen Sache zu tun haben könn-

te! Natürlich nur eventuell und unter Berücksichtigung vorgetäuschter Gedächtnislücken. Unauthentischer geht es gar nicht mehr. Und diese Unaufrichtigkeit und Verantwortungslosigkeit dem eigenen Handeln gegenüber zieht sich durch das komplette politische Geschehen. Das merken auch glücklicherweise unsere Landsleute und reagieren zu weiten Teilen mit Politikverdrossenheit. Als Abhilfemaßnahmen für diese politischen Verfallserscheinungen taugt so ein Verhalten natürlich recht wenig und hilft, diese mafiösen Strukturen sogar noch zu verfestigen. Das gleicht einer Kapitulation, doch findet bereits ein Umdenken statt, wie wir an dem wachsenden Widerstand auf der Straße erkennen können.

Was macht Authentizität nun aus? Um glaubwürdig zu sein, gehört es dazu, Dinge beim Namen zu nennen. Man darf also keine Angst davor haben, bestimmte Umstände mit den treffenden Begriffen zu beschreiben, auch wenn diese Begriffe von unseren Gegnern regelrecht vergiftet wurden – in der Hoffnung, daß diese dadurch nicht mehr verwendet werden. Wenn wir auf die treffenden Begriffe verzichten, nur um nicht in irgendeine Ecke gedrängt zu werden, in die wir vielleicht nicht gehören oder Angst haben, damit in Verbindung gebracht zu werden, akzeptieren wir gleichzeitig die Spielregeln, die der Gegner aufgestellt hat. Natürlich zu unseren Ungunsten. Im Grunde sind diese Spielregeln auch nichts wert. Denn zum einen hält sich der Gegner selber nicht daran, zum anderen werden diese Spielregeln ständig modifiziert. Einerseits sind alle Menschen vor dem Gesetz gleich, andererseits gibt es vor Gericht den sogenannten Migrantenbonus für fremdrassige Täter. Da wird das Verbrechen dann damit entschuldigt, daß der Täter aus einem anderen Kulturkreis stamme und ja gar nicht wissen könne, daß ein kurzer Rock keine Einladung zum Sex ist und ein Nein auch ein Nein bedeutet. Ihm wird also jegliche Selbstverantwortung abgenommen. Das bezeichne ich dann gerne als BRD-Rassengesetze. Es zählt also nicht mehr, was getan wird, sondern wer etwas tut, und dies bestimmt dann das Strafmaß. Und das hat mit einer Gleichheit vor dem Gesetz gar nichts mehr zu tun.

Wenn wir nun aus Angst bestimmte Begriffe meiden und z.B. neue Begriffe erfinden, bringt uns das auch nicht weiter. Denn diese Begriffe werden ebenfalls nach einer gewissen Zeit auf die gleiche Art und Weise negativ aufgeladen. Und wie wollen wir uns denn dann überhaupt noch irgendwann ausdrücken und unser Wollen und unsere Kritik in Worte *fassen, wenn wir uns den Spielregeln unserer Gegner unterwerfen? Das einzige wirksame Gegenmittel ist es, diese Spielregeln nicht zu akzeptieren! Es geht mir nicht darum, dumpfe Parolen aufzupolieren. Ganz im Gegenteil. Es geht mir darum, Begriffe und deren Bedeutung vom Kopf wieder auf die Füße zu stellen. Denn wenn wir einen Begriff aufgeben, entsteht dort kein Vakuum, sondern dieser Begriff wird sofort von unseren Gegnern besetzt und vereinnahmt. Wir haben also eine direkte Machtverschiebung zu unseren Ungunsten, gerade im metapolitischen Bereich.*

Ich werde im Laufe meines Vortrags einige dieser Begriffe anführen und näher darauf eingehen und auch anhand eines sehr interessanten Projektes beweisen, daß man durchaus Erfolg haben kann, wenn man seine Weltanschauung sehr wohl echt und authentisch in Worte faßt. Das Wichtigste dabei ist das vernünftige Erklären, was man meint. Möglichst sachlich und am besten anhand simplifizierter Beispiele. Wir treffen ja im Alltag oft auf Menschen, die hochgradig zur Lernbehinderung neigen. Die Pisa-Studie kennen wir ebenfalls.

Es gibt sicherlich eine ganze Reihe an Begriffen, auf die ich hier eingehen könnte. Die Begriffsvergiftung ist ja ein stetiger Prozeß. Ich habe daher ein paar Begriffe herausgesucht, die leider auch im rechten Spektrum, wenn man es so nennen möchte, dafür sorgen, daß Deutsche, die im Grunde dasselbe wollen, gegeneinander agieren, weil die Begriffe unterschiedlich aufgefaßt werden. Beginnen möchte ich mit einem Beispiel aus der Praxis:

Es gibt Patrioten, die distanzieren sich von Nationalisten, wie ich einer bin. Das tun sie mit der Begründung, Nationalisten wären ja viel zu radikal und sogar völkisch. Können sie ja, das steht ihnen zu und das lasse ich erst mal so stehen. Diese Patrioten begründen ihre Ablehnung der Masseneinwanderung damit, daß der überwiegende Anteil sogenannter Flüchtlinge aus dem islamischen Kulturkreis stammt. Der Islam sei inkompatibel mit unseren Werten, Muslime lassen sich nicht integrieren, etc. Alles nachvollziehbar und da geh' ich mit. Somit stellt sich aber doch der Umkehrschluß folgendermaßen dar: Wären diese Millionen von Fremden aus Afrika und dem Orient keine Muslime, sondern z.B. Christen, die sich an unsere Regeln halten würden und dazu noch gute Demokraten, die man integrieren kann, dürften diese

Patrioten mit der Masseneinwanderung doch gar keine Probleme haben. Oder? Die meisten haben aber dennoch ein Problem damit. Denn auch Millionen von vermeintlich christlichen Orientalen und Afrikanern würden auf Dauer auf Grund der hohen Reproduktionsrate und der unweigerlichen Vermischung mit uns Einheimischen unser Volk in Aussehen und Charakter verändern. Es werden ja nicht nur Dinge wie Haar- oder Hautfarbe vererbt, sondern eben auch Intelligenz und Verhaltensweisen, was gemeinhin als Mentalität bekannt ist. Und das wollen diese Patrioten auch nicht. Diese Patrioten argumentieren bei genauerem Hinsehen also wie? Genau: Völkisch! Denn diese Patrioten wollen nicht irgendeine buntgemischte Bevölkerung, sondern ein ethnisch zu möglichst großen Teilen homogenes Volk erhalten. Genau wie der Nationalist. Der Unterschied ist also, daß die einen geradeheraus sagen, was sie meinen und die anderen akzeptieren die Spielregeln, also die Begriffsdeutung unserer Gegner. Und schon tun sich Gräben auf, wo es keine geben müßte.

Bleiben wir noch kurz beim Begriff völkisch. Darin ist das Wort Volk enthalten. Und um unser Volk geht es uns allen doch. Also sind wir auch völkisch. Punkt. Was unsere Gegner dann da reininterpretieren, das darf nicht unser Problem sein. Volk will man uns übrigens ebenfalls abgewöhnen. Es gab einmal in der Universität in Bonn das Fach Volkskunde. Mittlerweile hat man diesem Fach eine Namensergänzung gegeben und daraus Kulturanthropologie/Volkskunde gemacht. Anthropologie ist ja die Wissenschaft vom Menschen, was ja wieder viel weiter gefaßt ist als Volk. Und somit wird Volk Schritt für Schritt zur undefinierten Bevölkerung, bis es irgendwann nur noch eine diffuse Menschheit gibt.

Den Begriff radikal hatte ich eben schon erwähnt. Dieser ist ebenfalls so ein toxischer Begriff. Ich bin durchaus radikal und habe auch keine Scheu, das zu sagen. Weil ich nämlich den Unterschied zwischen radikal und extremistisch kenne. Extremistisch ist dogmatisch, bis hin zur totalen Irrationalität. Extremistisch, das sind Merkel oder der IS. „Wir schaffen das!" ist so eine extremistische Parole. Was seit einem halben Jahrhundert mit den sogenannten Gastarbeitern nicht funktioniert hat, nämlich eine Integration, soll jetzt mit schlagartig mehreren Millionen zusätzlichen Migranten funktionieren. Also absolut irrational. Oder Ungläubige muß man köpfen, weil das der Wille irgendeines Gottes sein soll. Das alles ist gelebter Extremismus. Radikal dagegen leitet sich vom lat. radix ab, also von der Wurzel. Das heißt, ich möchte keine Symptome bekämpfen, sondern die Ursachen. Das Gegenteil von radikal ist somit nicht moderat, sondern oberflächlich. Anfangs habe ich erwähnt, daß es wichtig ist, Begriffe möglichst simplifiziert zu erklären. Nehmen wir in diesem Falle eine Autoreifenfabrik. Durch einen Fehler im System entsteht an jedem Reifen eine Gummiwulst. Der Extremist sagt: „Das System ist unfehlbar, das hat unser bester Ingenieur entworfen" und stellt ein paar Mitarbeiter ab, die mit einer Feile diese Gumminase entfernen. Das ist nicht sonderlich wirtschaftlich. Sinnvoller wäre es doch, die einzelnen Arbeitsschritte zu untersuchen, festzustellen, daß diese gar nicht miteinander harmonieren und ein neues System zu installieren, wenn das alte nicht mehr zu retten ist. Wir betreiben also Ursachenforschung. Das ist radikal. Radikal sein ist nichts anderes als eine Art von Qualitätsmanagement. Nicht an einem vollkommen kaputten und antievolutiven System herumdoktern, sondern es durch etwas Besseres ersetzen! Das ist schließlich unsere Aufgabe.

Gewaltbereit ist gleichfalls so ein Wort. Es gibt für mich einen Unterschied zwischen Gewaltbereitschaft und hirnlosem Schlägertum. Jeder Mensch muß gewaltbereit sein. Wenn wir sehen, daß unsere Frau, Freundin oder Tochter von einer Gruppe junger Männer belästigt wird, dann muß jeder Mann bereit sein, Gewalt anzuwenden, um sie zu schützen. Das hat nichts mit Rowdy- oder Schlägertum zu tun, sondern einfach mit Wehrhaftigkeit. Und da sehen wir auch wieder, wie gewisse Begriffe bewußt stigmatisiert und negativ aufgeladen werden, auf daß wir uns die Bedeutung der Begriffe nicht zu eigen machen. Wir sollen allergisch darauf reagieren. Gewalt ist ganz was Schlimmes, Finger weg. Gewalt ist sicherlich nichts Schönes, aber es gehört zur menschlichen Natur dazu. Raufereien auf dem Schulhof waren zu meiner Zeit etwas völlig Normales und gehörten zur Charakterbildung dazu. Sieg und Niederlage, wieder aufstehen und weiterkämpfen. Heute kommt gleich der Schulpsychologe und tut so, als wären raufende Jungs psychisch gestört und verhindert damit, daß die Persönlichkeit geschliffen wird.

Wenn jemand sagt, ich lehne Gewalt total ab und ich wehr mich nicht, wenn ich angegriffen werde, dann ist das natürlich sein gutes Recht. Das sind dann jedoch diejenigen, die von der Evolution als erste ausgemerzt werden. Ob das dann wirklich lebensbejahend ist, sei mal dahingestellt. Im Sinne der Herrschenden ist es auch logisch, warum wir so ablehnend auf Gewalt reagieren sollen. Notwehr ist ebenfalls ein Reflex, der Gewaltbereitschaft voraussetzt. Wir sollen uns aber nicht wehren. Wir sollen möglichst keinen Lärm machen, während man uns totschlägt und unsere Frauen und Kinder vergewaltigt. Und das ist von den Herrschenden auch so gewollt. Woher ich das weiß? Würden die das nicht wollen, würden sie etwas an den herrschenden Umständen ändern. Sie tun es aber nicht und entlarven sich damit selbst. Auf welt.de war am 19. Mai 2017 unter der Überschrift „Müssen Männer ihre Frauen mit der Faust verteidigen?"[18] zu lesen: „Eine Möglichkeit, die eventuell abschreckt, ist das Fotografieren und Filmen der Tat. Und zwar am besten ebenfalls in Gruppen. (...) Schon ein halbes Dutzend Smartphones in den Händen halbwegs wehrhaft aussehender Kerle wäre eine taugliche Distanzwaffe. Nicht perfekt, dafür unblutig. Jeder hat so ein Ding bei sich. Wenn das nächste Mal Frauen belästigt werden, mischt euch ein, Männer, zieht, schießt. Bilder."

Und da wundern wir uns, daß Deutsche nur noch als Opfer angesehen werden. Also ich fasse zusammen: Ja zur Wehrhaftigkeit, nein zu sinnlosem Schlägertum. Ja zum Einmischen bei Belästigungen, nein zum Filmen oder Fotos schießen! Wir wollen schließlich keine Andenken an die Tat, sondern wir wollen diese Taten verhindern. Laßt uns also wahrhaft wehrhaft sein!

Ein weiterer Begriff, der leider immer noch in deutschfreundlichen Kreisen negativ behaftet ist, lautet Nationalismus. Ich bezeichne mich selber ja als Nationalist. Ich bin aber in der Lage, zwischen Nationalismus und Chauvinismus zu unterscheiden. Ich habe es für mich auf drei Grundsätze zusammengefaßt, was Nationalismus bedeutet:

1. *Liebe zum Eigenen;*
2. *Respekt vor dem Fremden, wenn er diesen Respekt erwidert und verdient;*
3. *konsequentes Vorgehen gegen alle inneren und äußeren Feinde unseres Volkes.*

---

18 https://www.welt.de/debatte/kolumnen/made-in-germany/article155489510/Muessen-Maenner-ihre-Frauen-mit-der-Faust-verteidigen.html

Es geht also keineswegs um die Überhöhung des eigenen Volkes, sondern mehr um Volksbewußtsein. Selbstverständlich stehen die Interessen des eigenen Volkes an erster Stelle. Nur heißt das doch nicht im Umkehrschluß, daß ich deswegen andere Völker hasse. Ich bin mit nur einer Frau verheiratet, die ich ja auch allen anderen Frauen jederzeit vorziehe. Daraus abzuleiten, ich würde andere Frauen hassen, wäre mehr als grotesk.

Herbert Hoover, 31. Präsident der USA, hat es mal so formuliert: „Die Intellektuellen von heute versuchen, den Nationalismus als eine Sünde gegen die Menschheit zu brandmarken. Sie versuchen, uns glauben zu machen, daß dem Wort Nationalismus eine Infamie anhänge. Aber sie verkennen, daß der Geist des Nationalismus aus der schöpferischen Tiefe der menschlichen Seele stammt, daß er aufsteigt von dort als das gewaltige Verlangen der Menschen, frei zu sein – frei von fremder Herrschaft – und sich nach eigener Art selber zu regieren." Hoover war von 1929 bis 1933 Präsident der Vereinigten Staaten von Amerika. Wäre Hoover weiter Präsident geblieben, hätte mit dieser gesunden Einstellung vielleicht der 2. Weltkrieg verhindert werden können. Aber wer weiß das schon. Schließlich sind bei diesen Szenarien noch ganz andere Mächte am Werk.

Eingangs erwähnte ich den Beweis dafür, daß man durchaus Erfolg beim Vermitteln unserer Ansichten haben kann, obwohl man negativ behaftete Begriffe verwendet. Vielleicht ist dem ein oder anderen mein Projekt „Multikulti trifft Nationalismus" bekannt. Das ist ein Projekt zum Thema Meinungsfreiheit, das ich mit einem afrikanischstämmigen Mann betreibe, sein Name ist Nana Domena. Woher ich weiß, daß dieses Projekt erfolgreich ist? Weil ich zum einen sehr viel Post von ganz normalen Bürgern bekomme, die dieses Projekt unterstützen und überrascht sind, wie viele Gemeinsamkeiten sie mit den von mir gemachten Aussagen zu ihren eigenen Ansichten erkennen. Zum anderen, weil dieses Projekt von unseren Gegnern absolut totgeschwiegen wird. Es gab eine Ausnahme, und zwar gibt es auf der Netzseite der ach so neutralen Bundeszentrale für politische Bildung einen Hetzartikel eines freien Journalisten, der sich mit unserem Projekt befaßt. In seinem Artikel „Journalisten müssen ihr ‚Nein' heute besser begründen als früher" waren die Rollen schnell stereotyp verteilt. Laut Herrn Niggemeier, so der Name dieses Journalis-

ten, wäre Nana vollkommen naiv und ich der Wolf im Schafspelz. Und um jeden Lügenpressevorwurf zu bestätigen, beklagte dieser Journalist ernsthaft den Verlust „... der Möglichkeit der Medien, als Gatekeeper zu agieren: Zu bestimmen, welche Informationen die breite Öffentlichkeit erreichen und welche nicht". In der Regel stürzt man sich geradezu auf jeden Nationalisten, der sich in die Öffentlichkeit wagt. In diesem Falle würde der Schuß wohl gehörig nach hinten losgehen, da keines der üblichen Klischees vom dumpfen Fremdenhaß greifen würde.

Ein paar Worte zur Entstehungsgeschichte dieses Projektes. Nachdem in der Silvesternacht von 2015 auf 2016 bevorzugt die Kölnerinnen hautnah erleben durften, wie sogenannte Flüchtlinge zu feiern gedenken, gab es im Januar 2016 eine Pegida-Demonstration in Köln, an der ich teilnahm. Nana Domena war ebenfalls dort und wollte Demonstranten wie Gegendemonstranten für seinen Videokanal befragen. Auf unserer Seite fand er erst mal wenig Entgegenkommen, und viele hielten es für eine Provokation, daß gerade ein Afrikaner nach diesen Übergriffen dort auftauchte. Dennoch bin ich zu ihm hingegangen und wollte in Erfahrung bringen, was er denn wissen wolle. Ihm ging es um die Beweggründe, warum man zu dieser Pegida-Demonstration geht und ob alle Ausländer raus müssen. Er persönlich fand die Übergriffe ebenfalls schockierend, und er wolle mit solchen Leuten nicht in einen Topf geworfen werden. Zuerst habe ich ihm erklärt, daß ich ihn im Anzug und sehr gut deutschsprechend nicht repräsentativ für die Masse der hier lebenden Ausländer halte. Weder in bezug auf die neuen Flüchtlinge noch auf diejenigen, die schon länger hier leben. Weiter erklärte ich ihm, daß ich ihn selbstverständlich nicht mit denen in einen Topf werfe, die die Übergriffe verübt haben, daß es aber nun mal eine Tendenz für bestimmte Verhaltensmuster gibt. Verhaltensmuster, die unsere Gegner gerne zu Einzelfällen umlügen. Ich habe ihm das dann anhand der Gaußschen Verteilungskurve erklärt. Wir kennen dieses Schaubild für die Verteilung des IQ. Es gibt eine hohe Anzahl an durchschnittlich Intelligenten und dann einen geringeren Teil derer, die darüber und darunter liegen. Dasselbe Muster gibt es für das Verhalten, welches man dann als typisch für diese oder jene Gruppe bezeichnet.

Jede Kriminalitätsstatistik spricht Bände über die Verteilung der Straffälligkeit von Deutschen und Nichtdeutschen. Deswegen beeilt man sich ja auch mit der Verteilung der deutschen Staatsangehörigkeit, damit *das nicht mehr so auffällt. Frau Ines Laufer hat in ihrer Broschüre „Extreme Kriminalität und Gewalt als direkte Folge der Flüchtlingspolitik: Zahlen, Fakten, Beweise" aufgeschlüsselt, daß die Wahrscheinlichkeit, von Zuwanderern aus afrikanischen und orientalischen Ländern in der Gruppe vergewaltigt zu werden, 19mal höher ist als von einer Gruppe von Deutschen. Es geht mir also nicht darum zu sagen, jeder Fremdrassige sei kriminell oder ein Vergewaltiger. Das wäre Unsinn und leicht zu widerlegen. Die Wahrscheinlichkeit, daß er es aber ist, ist nun mal um ein Vielfaches höher als bei uns Deutschen.*

Darüber haben wir uns unterhalten, und daß ich nicht möchte, daß wir Deutschen in unserer eigenen Heimat durch die hohe Reproduktionsrate der Fremden verdrängt werden und daß jeder, der sich nicht benehmen kann, sofort das Land zu verlassen hat. Bei letzterem hat er mir sogar recht gegeben. Unsere Unterhaltung hat er mit einer Kamera aufgenommen und diese dann ins Netz gestellt. Erfreulicherweise hat er mir nicht das Wort im Mund rumgedreht oder Aussagen aus dem Zusammenhang gerissen, wie man es von der demokratischen Presse gewohnt ist. Dafür habe ich mich bei ihm bedankt und ihm angeboten, ihn für meinen Blog „Der dritte Blickwinkel" zu befragen. Schließlich bezeichnet sich Nana Domena als Connector, also als jemanden, der Menschen zusammenbringt. Dem hat er zugestimmt, und es wurden dann an die 13 DIN-A4-Seiten, in denen wir unsere Meinungen und Ansichten ausgetauscht haben. Auch in dieser schriftlichen Form habe ich kein Blatt vor den Mund genommen, blieb immer höflich und habe mit dem nötigen Respekt alle uns wichtigen Themen angesprochen. Ich habe mich zum Abstammungsprinzip bekannt, zur Entflechtung dieses multikulturellen Völkerchaos durch Remigration, zu Fragen der Souveränität, etc. Alles Themen, die uns am Herzen liegen. Nach diesem Gespräch kam uns die Idee, ein Video zu drehen, in dem wir auf unser erstes Zusammentreffen eingegangen sind und nochmals diverse Thematiken besprochen haben.

Im zweiten Teil sind wir dann auf Kommentare unter dem ersten Video eingegangen. Mittlerweile hat das erste Video knapp 160 000 Klicks (Stand: Juni 2018) und ist sehr gut bei allen Zuschauergruppen angekommen. Besprochen haben wir dann Dinge wie Rassenunterschiede beim Menschen im Verhalten und in der Medizin, aber auch, warum Nana Domena für mich kein Deutscher werden kann. Aber auch das vollkommen höflich und respektvoll. Man kann nun mal nicht werden, was man nicht ist. Genauso wie ich kein Chinese ohne chinesische Eltern werden kann, genausowenig kann jemand mit afrikanischen Wurzeln Deutscher werden. Obwohl wir hier zwei Dinge unterscheiden müssen: zum einen die Volkszugehörigkeit nach dem Abstammungsprinzip, die sehr wohl biologisch bestimmt wird und zum anderen die Staatsbürgerschaft. Letztere kann man durchaus erhalten oder aberkannt bekommen. Jemanden mit nur einer deutschen Staatsbürgerschaft aber als Deutschen zu bezeichnen, ist mehr als unauthentisch. Denn um einem Volk zugehörig zu sein, bedarf es zweier Komponenten: Man muß nicht nur Kultur-, sondern auch Genträger des entsprechenden Volkes sein. Nur weil jemand Japanologie studiert, macht ihn das nicht zum Japaner.

Wieder mal ein simples Beispiel. Jeder kennt Karl May. Old Shatterhand und Winnetou waren sehr gut befreundet. Nur macht diese Freundschaft Old Shatterhand nicht zu einem Indianer. Old Shatterhand kann sich in die entsprechende Stammestracht hüllen und sich wie ein Indianer fühlen oder zumindest annehmen, sich wie ein Indianer zu fühlen. Das könnte er natürlich machen. Bei uns im Rheinland nennt man sowas Karneval. Man schlüpft also in irgendeine fremde Identität. Dabei bleibt es aber auch nur. So viel zum Thema doppelte Staatsbürgerschaft. Das ist ja fast eine Vorstufe der Genderideologie. Ein Stück Papier oder eine Plastikkarte entscheidet, wer oder was wir sind. Ich könnte mir also einen Ausweis basteln, nach dem ich eine zwei Meter große Japanerin bin. Und in dieser Demokratie würde man mir das glatt glauben. Schließlich habe ich ja einen Ausweis, der das belegt!

Unsere Gegner vermischen gerne beides, also Staatsangehörigkeit und Volkszugehörigkeit bzw. stellen diesen Unterschied gar nicht erst heraus. Das wollen die auch gar nicht, denn das wäre Diskriminierung. Wieder so ein böses Wort. Ich bekenne mich voll und ganz zur Diskriminierung. Denn die eigentliche Bedeutung dieses Wortes bedeutet ja nichts anderes als unterscheiden. Und nicht, wie es unsere Gegner unterstellen und eine Benachteiligung hineininterpretieren. Ich kann durchaus unterscheiden, ohne zu werten. Ist ein Kreis besser als ein Dreieck? Beides sind geometrische Formen, aber was ist besser oder höherwertiger? Es ist auch nur die logische Konsequenz, daß unsere Gegner das nicht können. Denn wer eine egalitäre Ideologie besitzt, für den muß jegli-

che Ungleichheit etwas Negatives sein, auch wenn Ungleichheit etwas vollkommen Natürliches ist. Hier haben wir mit diskriminieren wieder so einen Begriff, den wir nicht aufgeben dürfen. Die Natur tut es auch. In der Medizin gibt es Medikamente, die je nach Rassenzugehörigkeit anders wirken. Oder denken Sie an die unterschiedliche Hautkrebsrate durch zu viel Sonneneinstrahlung unter Weißen und unter Schwarzen. Auf zeit.de vom 19. September 2002 lesen wir in dem Artikel „Andere Rasse, andere Pille": „Mediziner und Genforscher beleben die Rassendiskussion neu: Sie fordern, Medikamente je nach Hautfarbe zu verordnen. Damit wollen sie genetischen Unterschieden gerecht werden." Wir halten uns also an Fakten, unsere Gegner dagegen bauen ihre Ideologie auf Wunschgebilden auf. Daß es Rassenunterschiede gibt, kann man gut finden oder schlecht. Das ändert aber nichts daran, daß es Unterschiede gibt. Entweder vertritt man eine Weltanschauung, die sich an Fakten und Tatsachen orientiert, ist somit natürlich und authentisch oder ich bastele mir einen fortschrittsfeindlichen und eindimensional-egalitären Aberglauben zusammen, der immer weiter entartet. Das Leugnen von Rassen ist nicht wirklich neu, jedoch geht das Leugnen biologischer Fakten weiter. Mittlerweile gibt es angeblich auch keine Geschlechter mehr. Wissenschaftliche Erkenntnisse verschwinden aber nicht durch Zensurmaßnahmen. Auch nicht dann, wenn sie mit einem moralisch überdimensionierten Anspruch daherkommen.

Von Rassen und Verhaltensweisen sind wir schnell bei einem weiteren Zeichen des Bösen: den Vorurteilen. Die dürfen wir heute ja auch nicht haben. Vorurteile haben aber etwas mit Lebenserfahrung zu tun und können durchaus hilfreich sein. Stellen Sie sich folgenden Sachverhalt vor: Sie gehen eine Straße entlang und Ihnen kommt eine Gruppe junger Männer entgegen. Der eine zieht ein Messer, der andere einen Baseballschläger, ein anderer schnallt sich einen Sprengstoffgürtel um, und noch einer wedelt mit einem LKW-Führerschein. Wer wird denn da gleich Vorurteile haben? Nun haben Sie zwei Möglichkeiten: Entweder Sie haben Vorurteile, Ihre Lebenserfahrung oder die blanke Wahrnehmung sagt Ihnen, daß es gleich zu einer körperlichen Auseinandersetzung kommt. Dann wechseln Sie die Straßenseite oder machen sich bereit für einen Konflikt. Im Falle des Sprengstoffgürtels nehmen Sie natürlich die Beine in die Hand. Die andere Möglichkeit wäre, vollkom-

men vorurteilsfrei in die Gruppe junger Männer hineinzulaufen. Das Ergebnis können sich alle denken. Natürlich sollte man Vorurteile, die nicht stimmen, ablegen. Das ändert aber nichts an der Tatsache, daß Vorurteile Leben retten.

An dieser Stelle ein kurzer Einschub, wie man mit den Vorwürfen unserer Gegner umgehen kann, wenn einem wieder einmal so ein toxischer Begriff um die Ohren gehauen wird. Ich halte es nämlich für kontraproduktiv, gleich in eine Verteidigungshaltung überzugehen. Wenn Sie anfangen, sich zu verteidigen, sind Sie schon in der Defensive und genau da, wo unsere Gegner uns hinhaben wollen. Eine Verteidigungshaltung ist das Schlechteste, was man machen kann. Man versucht sich zu rechtfertigen, und das hat ja irgendwo etwas mit dem Eingestehen von Schuld zu tun. Zumindest kommt es in dieser Form sehr oft beim Zuhörer an.

Vielleicht ein Beispiel aus der Praxis. Mit Nana Domena hatte ich einen Videodreh für „Catamaranfilms", eine Produktionsfirma aus Köln. Es ging dabei um ein neues Format namens „Gegenüber", wo sich konträre Menschen an einen Tisch setzen und diskutieren. In unserem Falle Migrant und Nationalist. Der Videodreh verlief so, daß die Dame, die alles organisiert hat, Fragen an uns gerichtet hat und wir darauf eingehen sollten. An mich gerichtet, kam folgende Frage: „Ja, Frank, was sagst du denn, wenn zu dir jemand sagt, du wärst ein Nazi?" Natürlich war mir klar, was damit bezweckt werden sollte. Nämlich, daß ich mich von diesem Begriff distanziere.

Meine Antwort war sinngemäß, daß mir derlei Etiketten vollkommen egal sind. Wenn so etwas einer zu mir sagt, dann ist es halt so. Ich bin nicht auf der Suche nach neuen Freunden. Wenn mich Leute kennengelernt haben und sehen: „Ach, der ist ja ganz in Ordnung", dann über Dritte erfahren: „Der ist ja ein Nazi" und mich deswegen meiden, dann sind das oberflächliche Menschen, mit denen ich mich überhaupt nicht auseinandersetzen möchte. Das wäre nämlich pure Zeitverschwendung. Ich nutze quasi die Wirkung der Nazi-Keule als sozialen Filter, um diese Menschen von vornherein auszusortieren. Das nennt man dann soziale Hygiene.

Anhand der Mimik konnte ich erkennen, daß der Dame meine Antwort gar nicht geschmeckt hat. Hier sehen wir, daß wir nicht über jedes Stöckchen springen sollten, das uns hingehalten wird.

Persönlich würde ich mich selbst nie als Nazi bezeichnen. Diese Abkürzung macht nämlich überhaupt keinen Sinn. Eine Abkürzung bezieht sich immer auf Hauptwörter. Für einen Nationalsozialisten käme somit die Abkürzung Naso in Betracht. In dieser schwingt, im Gegensatz zum Nazi, nicht die gewünschte Schärfe mit. Denn hier fehlt der gefährlich klingende Zischlaut, um beim Zuhörer die beabsichtigte Gänsehaut zu erzeugen, wie es uns im kollektiven Unterbewußtsein eingebrannt zu sein scheint. Ein Zischen bedeutet Gefahr. Egal, ob es das Zischen einer Schlange oder das Zischen einer undichten Leitung ist. Was soll also ein Nazi sein? Ein Nazionalzionist? Ich habe mir die Mühe gemacht, den Begriff Nazi zu recherchieren. Im Hebräischen gibt es tatsächlich den Begriff Nazi oder Nasi. Gemeint ist damit ein Nazarener, also jemand, der aus Nazareth stammt. Das trifft auf mich nicht zu. In Süddeutschland gilt Nazi als die Koseform von Ignaz. Ich heiße aber nicht Ignaz. Es gibt zwar von Goebbels die Schrift „Der Nazi-Sozi", jedoch kommt innerhalb der Schrift der Begriff kein einziges Mal vor. Somit ist davon auszugehen, daß Goebbels diesen Begriff als eine Art Provokation im Titel für sein Werk genutzt hat. Ansonsten ist mir nicht bekannt, daß im III. Reich dieser Begriff als Selbstbezeichnung verwendet wurde, da er stets nur von den Gegnern des Nationalsozialismus mit einer logischerweise negativen Konnotation verwendet wurde.

Noch mal zurück zu dem eben besprochenen zweiten Video mit Nana Domena. Ich sprach von der biologischen Komponente, die bestimmt, welcher Ethnie oder Rasse wir angehören. Da kommen wir zum nächsten häufig verwendeten Begriff. Und zwar zu dem Vorwurf, wir hätten ein biologistisches Weltbild. Da stellt sich mir persönlich als erstes die Frage, welche Schulbildung bei dieser Aussage solch ein Mensch genossen haben muß. Natürlich haben wir ein biologistisches Weltbild! Denn die Biologie als die Wissenschaft von den Lebewesen hat logischerweise Einfluß auf unsere ganze Existenz, was und wer wir sind. Ob wir Mann oder Frau sind, hängt von den Chromosomenpaaren ab. Oder ob wir Europäer, Asiaten oder Afrikaner sind, die ja durch biologische Prozesse wie Abspaltung und Auslese erst entstanden sind. Und ebenfalls durch den biologischen Prozeß der Vererbung an die jeweilige nächste Generation weitergegeben werden. So etwas Selbstverständliches in Abrede stellen zu wollen, grenzt doch schon an vollkommenen Wahnsinn.

Stellen Sie sich vor, auf der Straße zeigt jemand mit dem Finger auf Sie und schreit: „Der da hat eine Nase im Gesicht!" Sie denken sich: „Oh Gott, wie schrecklich. Eine Nase!" Sie sagen, daß es doch normal ist, eine Nase im Gesicht zu haben. Daraufhin schreit dieser Irre: „Sie geben es also zu!" Sie erwidern, daß Sie nicht nur eine Nase, sondern auch noch zwei Ohren am Kopf haben. Darauf der Irre: „Wie menschenverachtend." Die Masche unserer Gegner besteht also darin, absolut natürliche Dinge als etwas Groteskes in Abrede zu stellen. Und das möglichst laut und dramatisch. Denn unsere Gegner meinen, mit Lautstärke gegen unsere Fakten ankommen zu können.

Noch mal kurz zur Vererbung: Natürlich hat auch die Sozialisation einen Einfluß auf uns. Aber unsere erblichen Anlagen setzen den Rahmen unseres Potentials fest. Unser soziales Umfeld hat die Aufgabe, dieses Potential zu erkennen und zu fördern. Jemand mit einem eingeschränkten Potential, also mit einem niedrigen IQ, wird auch durch den Besuch einer Eliteuniversität nicht zum Raketenforscher. Man kann die Erblichkeit von Verhalten, Intelligenz oder Musikalität natürlich leugnen. Dann begibt sich diese Person aber auf ein absolut irrationales und wissenschaftsfeindliches Gebiet, das nichts mit der realen Welt und ihren natürlichen Gesetzen zu tun hat.

Es gibt sicherlich noch mehr Begriffe, die ich hätte anführen können, z.B. Toleranz, das von lat. tolerare kommt und soviel wie erleiden und erdulden bedeutet. Diese andressierte Unterwürfigkeit und Konfliktscheue wird uns als etwas absolut moralisch Hochwertiges propagiert. Dabei wußte schon Aristoteles, daß Toleranz die letzte Tugend einer untergehenden Gesellschaft ist. Eine tolerante Gesellschaft ist nämlich wehrlos und somit überlebensunfähig. Seien Sie also bitte intolerant.

Wie man am besten mit dämonisierten Begriffen umgeht, habe ich eben erläutert. Nun möchte ich kurz darüber sprechen, wie man sich selbst solche toxischen Begriffe zunutze machen kann. Nämlich, indem man sie in abgewandelter Form auf sein Gegenüber anwendet. Zwei solcher Begriffe, die ich mir ausgedacht habe, wären Deutschenhaßrelativierer und Überfremdungsleugner. Hier nehmen wir die Begriffe „relativieren" und „leugnen", die die Gegenseite gerne nutzt, um uns zu diskreditieren und zu kriminalisieren. Wir hingegen setzen diese Begriffe in einen Zusammenhang, der den Bedeutungen der Wörter viel gerechter wird. Nehmen wir den Deutschenhaßrelativierer. Das sind jene Menschen, die Gewalt gegen Deutsche verharmlosen. Ich lasse bewußt die wahre Bedeutung des Wortes in diesem Falle außer acht. Relativieren bedeutet ja, etwas in Relation zueinander zu setzen. Es werden also Dinge miteinander verglichen, wogegen im Grunde nichts einzuwenden ist. Nur nutzen unsere Gegner dieses Vergleichen ja, um das eine mit dem anderen zu rechtfertigen, z.b. „Verbrecher gibt es überall", oder welcher Spruch immer geht: „Deutsche machen das auch." Das mag ja durchaus stimmen. Nur rufen wir uns gerade mal die Verteilungskurve diverser Verhaltensweisen in Erinnerung. Dieses Relativieren machen diese Leute aber nur, wenn Opfer und Täter die richtige Hautfarbe haben. Also das Opfer dunkel, der Täter weiß ist. Auch eine Form von sogenanntem Rassismus, wenn wir den Begriff so auslegen, wie es unsere Gegner tun. Besser wäre der Begriff Rassendiffamierung. Kommen wir zum Überfremdungsleugner. Leugnen bedeutet ja etwas wider besseres Wissen zu behaupten. Einfaches Beispiel: Fritzchen hat einen Apfel geklaut, sagt aber, er war es nicht. Leidet Fritzchen nicht unter Alzheimer, weiß er, daß er lügt. Das ist leugnen. Der Überfremdungsleugner hingegen leugnet in der Tat das Offensichtliche. Denn wenn der Anteil der Einheimischen an der Gesamtbevölkerung meßbar zurückgeht, dann findet nun mal eine Verdrängung und eine Überfremdung statt. Überfremdungsleugner sind also immer auch Realitätsleugner. Das sind dieselben, die behaupten, eine Islamisierung finde nicht statt. Das ist ja von der Logik her leicht zu widerlegen. Man muß doch nur folgende Frage stellen: Gibt es immer mehr oder immer weniger Moscheen? Da es immer mehr Moscheen und immer mehr Moslems gibt, findet auch eine Islamisierung statt, da diese alleine durch ihre Zahl Raum und somit Geltungsbereiche erobern. Wissen Sie, was ein Internazi ist? Ein internationaler Sozialist. Also alle diejenigen, die in ihrer eindimensionalen Billigideologie alle Menschen über einen Kamm scheren. Das sind die Aktivisten aller etablierten demokratischen Gruppierungen von CDU bis Grüne. Und somit verabreichen wir unseren Gegnern ihr eigenes Gift. Damit komme ich nun zum Ende meines Vortrages und möchte mit den Worten von Albert Leo Schlageter schließen, der seine Sicht von Authentizität wie folgt zusammengefaßt hat: „Sei, was Du willst auf der Welt, aber das, was Du bist, habe den Mut, ganz zu sein."

Die europäischen Völker als Lebens- und Kampfgemeinschaft

„Verbunden werden auch die Schwachen mächtig."

Friedrich Schiller (1759 - 1805)

Am 12. Mai 2018 hielt ich diesen Vortrag auf dem Europa-Kongreß der *Jungen Nationalisten (JN)* in Riesa. Anwesend waren Nationalisten aus ganz Europa und Rußland. Mein Hintergrund war es, daß wir als Nationalisten historisch belastete Konflikte beiseite legen und uns auf ein gemeinsames Ziel konzentrieren: auf das Überleben der europäischen Völker.

Sehr geehrte Damen und Herren,

der Titel meines Vortrages lautet: „Die europäischen Völker als Lebens- und Kampfgemeinschaft". Der Kampf, so sagt man, ist der Vater aller Dinge. So hat auch der Kampf das begründet, was wir heute als Nationalstaaten bezeichnen und was wir als Nationalisten als erstrebens- und vor allem erhaltenswert erachten. Geboren wurde die Idee des Nationalismus aus der Französischen Revolution und den napoleonischen Kriegen des 18. Jahrhunderts heraus. In der Regel verhält es sich so, daß Konflikte und Kriege die Menschen zusammenschweißen und an den Selbsterhaltungstrieb appellieren. Vorausgesetzt, man hat als kämpfende Einheit dieselben Überzeugungen und kämpft für das gleiche Ziel. Die Dimension dieser kämpferischen Auseinandersetzungen erzeugte bei den kriegsführenden Parteien, also den Menschengruppen mit gemeinsamen Zielen, ein starkes Wir-Gefühl. Dadurch erwachte das Bewußtsein als Volk. Aus diesem Grunde wird der Höhepunkt dieser kriegerischen Auseinandersetzungen, die Niederwerfung Napoleons 1813 bei Leipzig, auch als Völkerschlacht bezeichnet. Durch diese Konflikte und Erfahrungen entstand schließlich der Nationalismus.

Nun gibt es Konflikte, solange Menschen existieren, und es wird auch in Zukunft immer Konflikte geben. Das liegt nun mal in der Natur des Menschen. Als unsere Vorfahren sich noch nicht als Völker, sondern als unterschiedliche Stämme begriffen, waren diese Konflikte ebenfalls vorhanden und ebenso identitätsstiftend. Nur hatten diese Stammeskriege keine so großen geographischen Ausmaße bzw. solch einen geopolitischen Stellenwert, als daß daraus Völker im eigentlichen Sinne entstanden. Der Nationalstaatsgedanke ist somit als Weiterentwicklung des Stammesdenkens zu betrachten. Es sind die kollektiven Erfahrungen ebendieser Schicksalsgemeinschaften, die ausschlaggebend für die Idee des Nationalismus waren. Aus diesen kollektiven Erfahrungen resultierte das gemeinsame kulturelle Bewußtsein einer jeden Nation.

Das soll als kurzer historischer Abriß zur Entstehung des Nationalismus dienen. Ich möchte mit meinem Vortrag nicht die Entstehungsgeschichte der Nationalstaaten nachzeichnen, sondern grundsätzlich auf den Wert der europäischen Nationen in ihrer Summe eingehen. Ich möchte darauf hinaus, wie wichtig es ist, daß wir uns heute, im Hier und Jetzt, an diesem historischen Wendepunkt nicht einzig und allein nur als Angehörige unseres jeweiligen Volkes betrachten, sondern erkennen, daß wir und unsere Völker nur als europäische Kampfgemeinschaft eine Zukunft haben werden. Und auch hier steht wieder der Krieg als Vater aller Dinge Pate. Denn der Krieg klopft nicht nur an die Türen einzelner europäischer Staaten. Dieser Krieg bedroht jedes europäische Volk in seiner ganzen Existenz. Und um diesen Krieg zu gewinnen, brauchen wir eine Kampfgemeinschaft in einer europäischen Dimension. Das zu erkennen, mag dem einen leichter fallen als dem anderen.

Es gibt historische Ereignisse und Konflikte zwischen einigen europäischen Völkern, die für gewisse Spannungen sorgen. Ich werde mir nicht herausnehmen, auf diese Konflikte einzugehen oder diese gar zu bewerten. Ich kann einiges durchaus nachvollziehen. Meine Familie stammt mütterlicherseits aus Oberschlesien, was heute zu Polen gehört. Ich halte es jedoch für unklug und unpassend, als Deutscher diese Grenzstreitigkeit in der heutigen Situation anzuführen, während die westliche „Wertegemeinschaft" gerade dabei ist, Millionen von Orientalen und Afrikanern in meiner Heimat anzusiedeln. Diese massenhafte Ansiedelung fremder Menschen wird mittel- bis langfristig zur Folge haben, daß mein Volk verdrängt und ausgerottet wird, wenn wir keinen Ausweg aus dieser Krise finden. Da sich die Polen, im Gegensatz zu uns Deutschen, diesem

Ethnosuizid entgegenstellen, ist es sogar ein Vorteil, daß Oberschlesien außerhalb der Reichweite der sogenannten kulturellen Bereicherung liegt. Denn dadurch bleibt den Oberschlesiern dieses Trauerspiel einer dekadenten und toleranzverseuchten BRD im Endstadium erspart.

Wie Sie alle wissen, ist es im Nachkriegsdeutschland üblich, beim Thema Geschichte immer nur die Schattenseiten zu betonen. Gerade was unsere niemals alternde und ewig „jüngere" Vergangenheit betrifft. Denn schließlich leben wir heute in einer leuchtenden Gegenwart mit Menschenrechten und Demokratie. Was kann es denn schon vorher gegeben haben außer Dunkelheit und Terror. Aus dieser Geschichtsklitterung resultiert ein anormaler Schuldkult, der bereits im Kindergarten die Köpfe junger Deutscher vergiftet und der uns, bis wir ins Grab sinken, in Form der BRD-Mainstream-Presse ein Leben lang begleitet. Die Folgen dieses einseitigen Denkens manifestieren sich in Gestalt eines breiten gesellschaftlichen Bündnisses gegen rechts. Ihre Kritik an uns ist nicht sonderlich fundiert, dafür aber laut und meist unverschämt. So ein Bündnis besteht in der Regel aus Kirchen, Gewerkschaften, etablierten Altparteien und ihrer steuerfinanzierten demokratischen Gewalttäterszene wie der Antifa. „Deutschland verrecke", „Bomber-Harris, do it again!", „We love Volkstod!", „Für jedes Kind, was ihr bekommt, treiben wir eins ab!" – das sind solche Parolen, die wir von diesen Bündnissen gewohnt sind und die auf tragische Weise belegen, was 70 Jahre Umerziehung mit einem einstigen Kulturvolk anrichten können. Unsere europäischen Mitstreiter kennen dieses Phänomen mit Sicherheit auch. Ich denke jedoch, daß die Intensität dieser autoaggressiven Störung in Deutschland einmalig ist. Die Gründe dafür sind bekannt.

Mein Vortrag appelliert daher bewußt als Gegengewicht an die positiven Aspekte unserer gemeinsamen europäischen Geschichte. Wir werden immer nur das ernten, was wir säen. Wenn wir nur Negativität und Zwietracht aussenden, werden wir genau diese destruktiven Kräfte anziehen. Das ist das Gesetz der Resonanz.

Unsere europäische Geschichte besteht eben nicht nur aus blutigen Bruderkriegen, die durch Gier und Chauvinismus oder durch Einflüsterungen außereuropäischer Interessensgruppen geführt wurden, sondern ebenso aus gemeinsamen Abwehrkämpfen zum Schutz des großen Ganzen.

Angefangen bei Leonidas mit seinen tapferen Spartiaten bei der Schlacht an den Termophylen gegen König Xerxes 480 v. d. Z., Karl Martell, auch bekannt als Karl der Hammer, der 732 die in das südwestliche Frankreich eingedrungenen islamischen Araber zurückschlug. 1492 endete mit der Rückeroberung Granadas die Befreiung der Iberischen Halbinsel von den Mauren, später auch als Reconquista bekannt, ein Begriff, der heute wieder gerne genutzt wird. Denken wir an die Türkenkriege. Im Jahre 1423 widersetzte sich Venedig dem Osmanischen Reich, 1593 begann der Abwehrkrieg der Österreicher. Kosaken und Russen kämpften gemeinsam Seite an Seite gegen das Osmanische Reich, und in der Schlacht am Kahlen Berg 1683 konnte die zweite Wiener Türkenbelagerung siegreich unter Karl von Lothringen beendet werden. Dies nur, um einige Beispiele zu nennen. Es war der Sieg Europas gegen die Invasion Asiens. Erinnern wir uns an den gemeinsamen europäischen Abwehrkampf gegen den Bolschewismus, der sich unter dem Banner des letzten Deutschen Reiches versammelt hat. Heute erleben wir erneut eine Invasion von Fremden. Aus diesem Grund muß der Geist des Widerstandes von uns wachgehalten werden. Der Unterschied zu den damaligen Invasionen ist der, daß heute keine Osmanen mit dem gezogenen Krummsäbel gegen unsere Grenzen stürmen. Denn das ist gar nicht mehr notwendig. Die Grenzen Süd- und Mitteleuropas stehen offen. Was sich die Invasoren vor einigen Jahrhunderten hart erkämpfen mußten, bekommen sie heute regelrecht hinterhergeworfen.

Die gesteuerte Invasion von heute vollzieht sich seit Jahrzehnten – und zwar auf leise, aber nicht minder gefährliche Weise: Über das Asylgesetz und die Ansiedlungsprogramme der EU. Der stete Tropfen höhlt den Stein, so sagt man. Doch aus dem steten Tropfen ist mittlerweile ein lautes Tosen geworden, das man nicht mehr ignorieren kann. Und trotzdem wollen viele Westeuropäer das Offensichtliche nicht wahrhaben. Daß nämlich ein „Weiter wie bisher" zur Zersetzung und Auflösung unserer Identitäten führen wird. Bis jetzt leidet besonders Westeuropa unter diesen Zuständen. Der Osten Europas steht noch weitestgehend stark und souverän gegen diese europafeindlichen, anti-weißen Kräfte. Damit hat sich der Osten erfreulicherweise der Selbstzersetzung entzogen, die der Westen und gerade wir Deutschen in Form von Liberalismus, Menschenrechten und Toleranz seit über einem halben Jahrhundert durch die westliche Wertegemeinschaft wie ein Rauschgift verabreicht bekommen. Und die Dosis dieser geistigen Gifte wird immer weiter erhöht. Doch wenn Westeuropa wahlweise zum Kalifat mutiert oder auf Grund der Balkanisierung flächendeckend im Bürgerkrieg versinkt, wird es auch nicht lange dauern, bis die fremden Siedler auf Grund ihrer schieren Masse und der aufgebrauchten Ressourcen auch an die Tore Osteuropas klopfen werden. Beziehungsweise sie werden nicht klopfen und um Einlaß bitten, sie werden ausgehend vom besetzten Westeuropa die Tore Richtung Osten überrennen.

Wir sitzen alle im selben Boot, und unsere Völker bedroht eine Gefahr, wie sie in Europa noch nie dagewesen war: der weiße Genozid. Und wenn es keine weißen Europäer mehr gibt, hat sich jede Grenzstreitigkeit und jeder andere Konflikt von gestern oder vorgestern sowieso erledigt. Diese Bedrohung meistern wir nur als geschlossene, europäische Lebens- und Kampfgemeinschaft. Angesichts dieser Gefahr sind wir jeder für sich alleine nichts, doch gemeinsam können wir alles sein.

Die Grundvoraussetzung einer zukunftsfähigen Zusammenarbeit ist die, daß wir klar den Nationalismus vom Chauvinismus unterscheiden. Der Nationalismus ist das Streben eines Volkes zu seiner Vereinigung in einem eigenständigen und eigenverantwortlichen, also souveränen Nationalstaat. So möchte ich es umschreiben. Ein Volk definiert sich über eine gemeinsame Sprache, eine gemeinsame Geschichte, gemeinsame Abstammung, gemeinsame Kultur wie Sitten und Gebräuche ebenso wie über gemeinsame Wertevorstellungen. Das unterscheidet unser Volk von der von den Internationalisten angestrebten Bevölkerung. Die Nation ist das Territorium, in dem sich ein Volksangehöriger unter seinesgleichen frei entfalten kann. Unser Antrieb ist somit nicht der Haß auf andere, sondern die Liebe zum Eigenen. Der Chauvinismus vergiftet diesen positiven Impuls, isoliert und schwächt uns und blendet das aus, was uns verbindet.

Der europäische Geist hat viele Gesichter. Er wird verkörpert durch Philosophen wie Platon, Nietzsche, Voltaire oder Dante. Die europäische Musik durch Beethoven, Tschaikowsky, Vivaldi oder Scarlatti. Die Trennung von Staat und Kirche, die freie Rede, die man gerade abschaffen will, die Gleichberechtigung zwischen Mann und Frau, die der fortschreitenden Islamisierung Platz macht. Alles Errungenschaften, die bezeichnend für unsere europäische Art zu leben sind. Es sind Freiheiten, die sich die europäischen Völker erkämpfen mußten, für die Blut geflossen ist. Heute werden diese Errungenschaften einer unterwürfigen Fremdtümelei auf der einen und einem Regulierungs- und Unterdrückungswahn auf der anderen Seite geopfert. Egal ob Islamisierung oder EU-Diktatur: Wir haben es hier mit zwei imperialistischen Mächten zu tun. Beide Ideologien unterscheiden nicht in Völker und Rassen, sondern nur in Gläubige und Ungläubige.

Werfen wir einmal einen Blick auf unsere gemeinsamen Gegner. Dazu dient es zu hinterfragen, warum wir uns überhaupt an diesem schicksalhaften Wendepunkt befinden. Beleuchten wir kurz die Argumentation unserer Gegenspieler.

Die aktuelle These der Eine-Welt-Extremisten besagt, daß der Nationalstaat nicht mehr zeitgemäß sei. Die Frage, wer das denn beschlossen hat, bleibt unbeantwortet. Grenzen empfindet man plötzlich generell nur noch als Hindernisse und werden per se als etwas Schlechtes dargestellt. Nicht aus der Perspektive von Ordnung und Sicherheit, was ganz im Interesse des Bürgers wäre, sondern aus der Perspektive des Profits und der Ausbeutung. Also aus der Perspektive des internationalen Kapitals und seiner Interessen. Denn Nationalstaaten sind bekanntlich nicht nur Schutzzonen im kulturellen Sinne, sondern auch im ökonomisch-wirtschaftlichen Bereich. Nationalstaaten legen zudem Zuständigkeiten fest, über die sich sogenannte Global Player gerne hinwegsetzen würden. Verbraucherschutz, generelle Sicherheitsstandards, Umweltschutz, Standards in der Lebensmittelherstellung oder der Schutz von Vermögen und finanziellen Rücklagen. Oder denken wir an all die fremden Sozialhilfeempfänger. Es leben bei uns viele unproduktive und bildungsunfähige Menschen aus der ganzen Welt, die eigentlich in den Zuständigkeitsbereich ihrer Heimatländer fallen würden, die man uns aber dennoch auf Grund einer gleichmacherischen Ideologie und der daraus resultierenden Zwangsumverteilung aufdrängt. Und mit Umverteilung sind wir beim richtigen Thema. Ich rede nicht von der leistungsfeindlichen Umverteilung des Wohlstandes, sondern von der globalen Umverteilung des Humankapitals, wie es so schön heißt. Denn was das Großkapital stört, ist die Tatsache, daß der Konsum der von ihnen produzierten Waren nachläßt. Der Grund ist der Geburtenrückgang in Europa. Mit dem, was gut für die Umwelt ist und die natürlichen Ressourcen schont, lassen sich keine guten Geschäfte machen. Und das schadet einem Finanzsystem, das auf einer Lüge aufgebaut ist: der Lüge des unbegrenzten Wachstums. Das kann man den europäischen Völkern so natürlich nicht sagen. Deswegen wiederholt speziell die deutsche Staatspropaganda in Dauerschleife die ewige Leier vom Fachkräftemangel und daß die Menschen, die gerade zu uns kommen, wertvoller als Gold seien. So zumindest will es uns ein Martin Schulz weismachen. Wenn es einen Fachkräftemangel tatsächlich gibt, dann ist dieser hausgemacht. Zum einen sorgt die herrschende Politik für Zustände, daß jedes Jahr 150 000 gut ausgebildete Deutsche unser Land verlassen, zum anderen spart man das Bildungswesen kaputt und startet rot-grüne Bildungsexperimente, um regelrecht zu verhindern, daß qualifizierter Nachwuchs nachrücken kann. Das ist kein deutsches Problem, in anderen europäischen Ländern sieht es ähnlich aus. Man könnte jetzt argumentieren, daß es sich nicht gehöre, ärmeren Ländern die geistige Elite abzuwerben. Denn diese intelligenten Menschen fehlen schließlich diesen Ländern. Doch wie bekannt ist, kommen keine Fachkräfte, sondern bildungsferne und bildungsunfähige Schichten, die man hier dauerhaft ansiedeln möchte. Denn das sind die dringend benötigten Konsumenten, um die eben benannte Lüge des unbegrenzten Wachstums weiterleben zu können, was in letzter Konsequenz zum totalen Zusammenbruch führen wird.

Diese weltumspannende Ausbeutung ist angeblich in Zeiten der Globalisierung unerläßlicher Bestandteil der modernen Welt. In Wahrheit ist das aber kein Ausdruck eines unveränderlichen Naturgesetzes, sondern Symptom einer entmenschlichten Moderne, die keine Völker und Nationen, sondern nur Konsumenten und Standorte kennt. Wir kennen ja die Propaganda des Staatsfernsehens, die vom Wirtschaftsstandort Deutschland spricht. Das ist sehr bezeichnend. Was für uns Nationalisten Kultur-, Lebensraum und Heimat ist, ist für das internationale Kapital und dessen ausführende Organe, also die etabliert-demokratischen Gruppierungen, nichts weiter als ein Wirtschaftsstandort zum Geldverdienen. Da ist es natürlich nur die logische Konsequenz, daß man diesen Wirtschaftsstandort unter Bedingungen stellt, die einen noch höheren Ertrag ermöglichen. Deswegen haben unsere Politiker kein Problem damit, Souveränitätsrechte an höhergelegene Institutionen wie die EU-

Kommission abzugeben, um alles möglichst auf dem untersten Niveau zu vereinheitlichen. Dieses Prinzip kennt man ja aus der Bildung. Wenn man das Niveau des Abiturs senkt, erhält man gleichzeitig eine höhere Quote an Abiturienten. Nur sinkt dadurch ja der Wert des Abiturs an sich.

So verhält sich ein nichtsouveräner Staat, der nicht dem eigenen Volk, sondern fremden Interessen und Kommissaren verpflichtet ist. Alles im wohlklingenden Gewand von „mehr Europa". In Wahrheit bedeutet das aber nichts weiter als mehr Macht für eine kleine Gruppe von Ausbeutern. Und so, wie diese Damen und Herren keine Nationen kennen, kennen sie auch keine Völker. Denn es ist ihnen egal, ob in Europa 500 Millionen Europäer leben oder eine bunt zusammengewürfelte Bevölkerung aus allen Teilen der Welt. Denn wer die Waren der Großindustrie konsumiert, spielt für diese Leute im Endeffekt keine Rolle. Somit verkommt der Mensch zur Zahl, der in seiner Summe den erwünschten Absatzmarkt generiert. Für uns Nationalisten ist der Mensch, egal wo auf der Welt, nicht nur eine Zahl oder Konsumvieh. Er ist Träger von Charakter und Kultur seines Volkes und gleichzeitig Repräsentant der natürlichen Vielfalt dieses Planeten.

Über die weiteren Pläne hat uns Anfang des Jahres Yascha Mounk in den Tagesthemen aufgeklärt. Nämlich, daß in Westeuropa ein Experiment stattfindet. Yascha Mounk ist ein deutsch-amerikanischer Politikwissenschaftler, der als Dozent an der Harvard University in Boston arbeitet. Diese Information findet man zumindest im Netz. Auf Spiegel Online vom 26. September 2015[19] läßt uns dieser Deutsch-Amerikaner das Folgende wissen: „Ich hoffe auf ein Deutschland, in dem ich meine jüdische Herkunft erwähnen kann, ohne nur als Jude wahrgenommen zu werden – so wie es mir als Kind meist ergangen ist. Wenn Deutschland multiethnischer wird, könnte sich das ändern. Ein Deutschland, in dem sich Juden wohlfühlen, ist ein Deutschland, in dem sich auch Muslime wohlfühlen."

Ob wir Deutschen uns dann auch noch wohl fühlen, steht gar nicht zur Debatte. Was von dieser kruden Verschwörungstheorie zu halten ist, zeigt die aktuelle Debatte über Judenhaß unter neu angesiedelten und länger in Deutschland lebenden Muslimen. Oder werfen wir einen Blick in den Nahen Osten und bestaunen den dortigen Wohlfühlcharakter.

---

19 http://www.spiegel.de/spiegel/print/d-139000005.html

Weiter erklärt uns Herr Mounk, was es mit den sogenannten Flüchtlingen auf sich hat: "Vor allem geht es um mehr als ein kurzes, fremdenfreundliches Sommermärchen. In Westeuropa läuft ein Experiment, das in der Geschichte der Migration einzigartig ist: Länder, die sich als monoethnische, monokulturelle und monoreligiöse Nationen definiert haben, müssen ihre Identität wandeln. Wir wissen nicht, ob es funktioniert, wir wissen nur, dass es funktionieren muss."
Man weiß also nicht einmal, ob es funktioniert, sondern nur, daß es funktionieren muß. Und warum muß das funktionieren? Welchen Vorteil haben wir Deutschen als direkt Betroffene davon? Wurden wir denn gefragt, ob wir das überhaupt wollen, und wer hat tatsächlich einen Nutzen davon? Das verrät uns Herr Mounk leider nicht.

Ergänzend zu diesen europafeindlichen Äußerungen räumt Herr Mounk in den Tagesthemen Anfang 2018 zusätzlich ein, daß es zu gewissen Verwerfungen kommen könnte. Vergewaltigung, Mord und Totschlag, an dessen Ende die Ausrottung der weißen Einheimischen in Westeuropa steht, sind in den Augen des Herrn Mounk nichts weiter als Verwerfungen. Es ist also ein Experiment, dessen Antrieb nichts anderes als totalitärer Rassenhaß ist. Denn die logische Konsequenz ist die Vernichtung von Vielfalt durch Verdrängung dominanter dunkler Gene und überdurchschnittlicher Vermehrungsrate der Siedler. Das sind Fakten, von denen niemand sagen kann, er habe davon nichts gewußt.

Das sind die existentiellen Gefahren, denen wir als Europäer heute gegenüberstehen und die wir nur gemeinsam meistern werden. Uns Deutsche trifft der Ansturm am stärksten. Doch nur mit der Übernahme Deutschlands werden sich die Siedler so wie die Hintermänner dieser Pläne nicht zufriedengeben. Deren Plan ist die weltumspannende, grenzenlose Ausbeutung. Opfer sind nicht nur wir Europäer, sondern auch die entwurzelten und gegen uns aufgehetzten Siedler. Es gibt nicht wenige Interessensgruppen, die diesen auch noch einreden, wir Europäer hätten es verdient, weil wir deren Länder ausbeuten. Daß in Wahrheit aber alle Völker dieser Erde von derselben Gruppe ausgebeutet werden, wir Europäer genau wie die anderen, verschleiert man. Man könnte sich ja weltweit solidarisieren. Ich hätte nichts dagegen. Aber nicht als rote Internationale, sondern als nationalistisches Bollwerk der freien Völker dieser Erde gegen einen gemeinsamen Feind, der nur so mächtig geworden ist, weil er das Prinzip von „Teile und herrsche" nahezu perfekt beherrscht. So wie dieses Spiel bis jetzt läuft, gibt es, bis auf das Kapital, nur Verlierer. Zurück zu dem, was wir tun können und zu der Frage, wie denn das Europa aussehen soll, für das wir Nationalisten kämpfen. Dem Europa der Regionen stehe ich sehr kritisch gegenüber. Hier schlägt man von einem Extrem ins andere. Vom überblähten Superstaat zurück in die längst überwundene Kleinstaaterei. Ein Flickenteppich zersplitterter, schwacher, staatenähnlicher Gebilde, die ständig mit sich selbst beschäftigt wären, würde ein gefundenes Fressen für Feinde von außen darstellen. Das kann nicht in unserem Interesse sein. Wir wollen ein Europa der Vaterländer, das gleichzeitig ein Europa der Vielfalt bleibt. Ein Staatenbund, der zusammenarbeitet, wo es sinnvoll ist, ansonsten jedoch frei und souverän seine Politik bestimmen kann. Wir wollen außerdem zurück zu nationalen Währungen, die jeder Staat je nach Stand der Inflation ab- oder aufwerten kann und nicht an eine Zwangswährung gekoppelt ist, die bei einer Vielzahl unterschiedlicher Wirtschaftssysteme von vorneherein zum Scheitern verurteilt war. Sie sollte sogar scheitern. Denn wer am Boden liegt, ist leichter erpreßbar als der, der aufrecht und unabhängig agieren kann. Wo eine gemeinsame Währung zwischen zwei oder mehreren Nationalstaaten vorteilhaft ist, sollte man zu gegebener Zeit abwägen und prüfen. Undogmatisch und unter Bedingungen, bei denen alle Beteiligten einen Vorteil haben. Wir wollen keine gleichgeschaltete Landmasse, die von einer anonymen Clique in einem überblähten Moloch verwaltet wird. In unserem Europa dienen Geld und Wirtschaft dem Menschen und nicht umgekehrt. Unser Europa kennt keine einseitige Westbindung. Wir stehen für eine multipolare Weltordnung, zu der ebenso Rußland als starker Partner gehört. Wir sehen also, daß unser Europa nicht viel mit der heutigen EU gemeinsam haben wird. Der Weg zur Verwirklichung unserer Vorstellungen von einem gerechten und souveränen Europa wird sicherlich nicht leicht. Die jetzigen Herrscher wissen sehr wohl um das Schwinden ihrer Macht und verschärfen die Repressionen gegen ihre eigenen Völker, sobald sich der Unmut auf der Straße oder im Netz regt. Die Anzeigen wegen Meinungsdelikten schnellen in die Höhe, nach dem Vertrag von Lissabon kann jeder Demonstrant zum potentiellen Terroristen umgelogen und ebenso behandelt werden. Unsere Aufgabe als Nationalisten bei der Verwirklichung unserer Ziele ist es zum einen, unsere Landsleute verstärkt über die Pläne der Herrschenden aufzuklären. Wie das Beispiel Yascha Mounk zeigt, entlarven sich die Totengräber Europas immer enthemmter durch ihre eigenen Worte. Ermutigen wir unsere Landsleute, sich nichts gefallen zu lassen. Weder von gewalttätigen Siedlern noch von Politikern, die sich die Beseitigung der europäischen Völker zur Aufgabe gemacht haben. Leisten wir auf jede notwendige Art und Weise Widerstand, um den Fortbestand unserer Völker zu gewährleisten.

Abschließend möchte ich ein paar Worte zum Thema Freiheit sagen. Denn es wird immer viel von Freiheit und Selbstbestimmung gesprochen. Die maximale Freiheit erfährt jeder von uns nur innerhalb einer homogenen Gruppe, also innerhalb seines Volkes. Unter Menschen, die dieselbe Sprache sprechen, dieselben Werte vertreten, die dieselbe Geschichte ebenso teilen wie das gemeinsame Schicksal. Laßt uns diese Freiheit erhalten. Für die Zukunft Europas bedeutet das, ein Europa der Vaterländer zu schaffen, in dem alle europäischen Brudervölker auf Augenhöhe miteinander leben. In diesen schweren Zeiten, in denen Europa Gefahr läuft, für immer sein Antlitz zu verlieren, sind wir alle aufeinander angewiesen. Ukrainer und Tschechen, Polen und Ungarn, Schweden, Engländer, Franzosen, Kroaten, Serben und alle weißen Völker Europas müssen zu einer neuen Ordnung zusammenfinden. Der Geist, den diese natürliche Ordnung atmet und ausstrahlt, manifestiert sich in einer lebensrichtigen und lebensbejahenden Weltanschauung. Diese Weltanschauung ist der Nationalismus, der uns heute dazu antreibt, nicht nur für das eigene Volk, sondern gleichzeitig für jedes europäische Brudervolk zu kämpfen. Verbinden wir unsere Kräfte, werden wir siegen.

Keine Angst

„Tyrannen fällt es leicht, Angst zu verbreiten, weil sie genug davon haben."

Wolfram Weidner (1925 -)

Angst ist zwar nur ein Gefühl, jedoch ein sehr mächtiges. Zumal das Wort nur in diesem Zusammenhang äußerst relativ ist. Manche Menschen lassen sich hauptsächlich von ihren Gefühlen leiten, andere gehen sehr rational und analytisch mit äußeren Eindrücken um. Wenn wir realisieren, wie Ängste von Politikern instrumentalisiert werden, um ein gewünschtes Ziel zu erreichen, dann müssen wir erkennen, daß die Masse der Menschen nicht kopf-, sondern bauchgesteuert ist. Vielleicht ist es aber auch eine Art Gruppendynamik, die der Charakter der Masse in sich trägt und die einzelnen Individuen wie in einen Strudel einsaugt. Um ein Volk in Kriegslaune zu versetzen, bedarf es keiner ausgefeilten Taktiken. Emotionsgeladene Bilder, in denen meist Kinder als Opfer einer blutigen Tyrannei dargestellt werden, reichen dabei völlig aus. Als Beispiel sei die Brutkastenlüge erwähnt, bei der von der angeblichen Krankenschwester Nayirah as-Sabah behauptet wurde, irakische Soldaten hätten 1990 bei ihrer Invasion in Kuwait Frühgeborene aus ihren Brutkästen gerissen und auf dem Boden sterben lassen. Obwohl sich diese Behauptung später als Erfindung der amerikanischen PR-Agentur *Hill & Knowlton* herausgestellt hatte, die von der kuwaitischen Regierung aus dem Exil heraus für zehn Millionen US-Dollar für diese Kampagne beauftragt wurde, war der gewünschte Effekt erzielt worden, und der damalige US-Präsident George H. W. Bush konnte seine militärische Intervention mit Akzeptanz der amerikanischen Bevölkerung beginnen. Am Rande sei erwähnt, daß sich die angebliche Krankenschwester Nayirah as-Sabah im weiteren Verlauf als die Tochter des kuwaitischen Botschafters Saud Nasir as-Sabah herausgestellt hat.

Angst kann lähmen, krank und gefügig machen. Vor allem letzterer Effekt ist für die Herrschenden von enormer Bedeutung. Ohne den dubiosen Anschlag auf das World Trade Center am 11. September 2001, den man getrost als einen sogenannten Inside Job verbuchen kann, wäre ein *Patriot Act*, der am 26. Oktober 2001 in Kraft getreten ist, niemals von der amerikanischen Bevölkerung angenommen worden. Dieser bedeutet nichts anderes als eine weitreichende Abschaffung der Bürgerrechte. Der sogenannte Krieg gegen den Terror suggeriert einen permanenten Kriegszustand, bei dem jeder seinen Beitrag leisten muß. Im Falle der Bürger bedeutet dieser Beitrag die Auflösung der Privatsphäre. Schließlich muß man dem Staat entgegenkommen, wenn er seine Bürger vor Krieg, Terror und Anschlägen schützen will. Da diese Gefahren jeden Tag auf die Menschen überall auf der Welt hereinbrechen können, so zumindest suggerieren es die Massenmedien, haben die kontrollhungrigen Herrscher der westlichen Demokratien ein leichtes Spiel, beim Geschäft mit der Angst strittige Kontrollmechanismen umzusetzen. Daß durch diese Maßnahmen nicht der Terror verschwindet, sondern der Bereich des Sagbaren samt der Möglichkeit, Zustände zu kritisieren, immer kleiner wird, ist für aufgewachte Menschen keine Überraschung, sondern logische Konsequenz.

Diese Form der Kriegsführung gegen das eigene Volk trägt sogar einen eigenen Namen: „Strategie der Spannung". Dieser Begriff beschreibt Bestrebungen eines Staates, über seine Geheimdienste Terror zu schüren oder zu imitieren oder bestehende Terrorstrukturen auszubauen und zu unterstützen. Dieser erst vom Regime aufgebaute Terror, dem das eigene Volk ausgesetzt wird, dient dazu, ein Klima der Angst zu erzeugen. In diesem selbsterzeugten Klima der Angst sind Menschen viel leichter zu beeinflussen, und umstrittene Regelungen und Gesetze lassen sich ohne großen Widerstand durchbringen. Schließlich dient doch alles nur dem Schutz und dem Wohl der Bürger. In Deutschland findet diese Strategie unter anderem darin Ausdruck, islamistische Terroristen dank offener Grenzen auf deutsches Territorium zu locken, damit diese mit Hilfe von Macheten, LKW und selbstgebastelten Sprengkörpern das deutsche Volk für neue Überwachungsmaßnahmen empfänglich machen.

Meistens ist Angst irrational. Die Menschen in diesem Land haben anscheinend mehr Angst vor einer Partei wie der NPD, die bundesweit nur wenige Prozentpunkte erreicht, als vor den wachsenden Parallelgesellschaften und der fortschreitenden Islamisierung, die eine Schneise aus Blut und Terror durch Europa schlägt und jegliche Freiheiten, wie wir sie kennen, abschaffen wird. Diese Menschen haben mehr Angst vor Konzerten, bei denen sich, wie 2017 in Themar, 6000 Nationalisten friedlich zum „Rock-gegen-Überfremdung"-Festival versammelten, um Musik zu hören, als vor tatsächlichen Bedrohungen. Nichtkonforme Meinungsäußerungen oder das Zeigen von Runen verursachen eher Schnappatmungsanfälle als der Massenimport von Rauschgifthändlern, Terroristen und Vergewaltigern, die wie eine Epidemie über uns kommen und unsere Frauen und Kinder mißbrauchen und töten. Man kommt zu dem Schluß, daß mit den Menschen in diesem Land irgend etwas nicht stimmt. Die Wahrnehmung scheint vollkommen verdreht und die Urteilsfähigkeit vernebelt zu sein. Doch woher kommt diese irrationale Angst vor Dingen, die weder wehtun noch direkten Einfluß auf das Leben der vermeintlich Verängstigten haben? Diese Ängste wurden diesen Menschen von Geburt an durch ständige Wiederholung in Rundfunk und Fernsehen in ihre Gehirne gepflanzt. Es gleicht einer regelrechten Gehirnwäsche, wie sie von Psychosekten betrieben wird, die mit einer angeblichen Hölle drohen, sobald der Betreffende es wagen sollte, gegen ein aufgestelltes Gebot zu verstoßen. Das Ergebnis spiegelt sich einerseits wider in haßerfüllten und gewalttätigen Mobs gegen friedliche Parteitage von zugelassenen Parteien, die sich für das eigene Volk einsetzen. Andererseits sind dieselben Menschen regelrechte Meister darin, zu relativieren, zu bagatellisieren oder zu ignorieren, wenn es um deutschfeindliche Gewalt und No-go-Areas geht, in die sich Polizisten nur noch als Hundertschaft und Rettungskräfte gar nicht mehr hineinwagen.

Angst ist generell nichts Schlechtes und ein Schutzmechanismus der menschlichen Psyche, um uns vor leichtsinnigen und lebensgefährlichen Handlungen zu bewahren. Ohne Angst gäbe es ebenfalls keinen Mut. Denn Mut beweist man, indem man seine Angst überwindet. Mutig ist, wer zum Beispiel trotz Höhenangst vom Dreimeterturm im Schwimmbad springt. Mut beweist der, der das erste Mal in den Boxring steigt, um sich mit einem anderen Kämpfer zu messen. Mut bedeutet Selbstüberwindung der eigenen Grenzen, die von Bedenken und Angst gesteckt werden. Hierbei spielt es keine Rolle, ob diese Ängste von übervorsichtigen Eltern oder eben von Massenmedien implantiert wurden. Haben uns erstere die Angst vor Hunden anerzogen, so gehen letztere grundsätzlicher und nachhaltiger vor. Angst vor sozialer Ausgrenzung, Angst vor dem Verlust des Arbeitsplatzes, Angst davor, Fehler zu begehen, Angst, daß der andere recht hat, Angst vor dem Verlust von Anerkennung, Angst vor Schmerzen, Angst vor dem Tod. Der Druck geht zwar in erster Linie von unserem sozialen Umfeld aus, jedoch nur, weil eben auch dieses genauso durch den Mainstream geprägt und erzogen wurde. Diese gedanklichen Bedrohungsszenarien steigern sich irgendwann zu Psychosen, die sich destruktiv auf unser Denken, Fühlen und Handeln auswirken. Es sind unsichtbare Gefängnismauern, die um uns herum mit dem Ziel errichtet wurden, unsere Handlungsfreiheit einzuschränken. Der erste Schritt zur Überwindung dieser unsichtbaren Gefängnismauern ist das Bewußtwerden ebendieser mit einhergehendem Hinterfragen, also eine Art von rationaler Analyse über Sinn und Unsinn bestimmter Formen von Angst. Selbstverständlich ersetzt dieses Vorgehen keinen fachärztlichen Beistand für Menschen, die gravierende und tiefsitzende Probleme haben. Es ist trotz allem eine sehr gute Methode, überflüssige Gefängnismauern zu durchbrechen und einen gewissen Grad an Handlungsfreiheit zurückzuerlangen.

Als praxisnahes Beispiel sei auf diejenigen Mitstreiter verwiesen, die sich selbst das Leben schwermachen, indem sie sich nur mit negativen Nachrichten befassen. Seien es die anhaltende Masseneinwanderung oder die daraus entstehenden Verwerfungen wie Kriminalität, Vergewaltigungen und das Kippen der ethnischen Mehrheiten in vorwiegend westdeutschen Ballungsgebieten, wobei bedauerlicherweise die neuen Bundesländer bei diesem Negativtrend nachziehen. Ebensowenig überraschend ist, daß fast jede aktuell getroffene politische Entscheidung ein weiterer Sargnagel für unser Volk ist. Und hier gelangen wir zu einem entscheidenden Punkt: Was erwarten wir anderes von einem System, das für den Tod steht und dem wir vom Schicksal als Widerpart mit dem Überleben unseres Volkes als Prinzip entgegengestellt werden? Nichts! Wenn wir das begriffen haben, stellt sich eine weitere Erkenntnis ein: Es bringt uns keinen Schritt weiter, wenn wir uns täglich, stündlich oder gar minütlich mit den Verfallserscheinungen dieses Systems auseinandersetzen. Es ist sogar überflüssig, weil wir doch schon von vornherein wissen, wohin die Reise geht. Anstatt unsere kostbarsten Güter, nämlich Zeit und Energie, in ein destruktives schwarzes Loch zu werfen, wäre es um ein vielfaches produktiver zu überlegen, wie man aus den herrschenden Umständen Motivation erzeugen kann. Wären wir besser dran, wenn die Einwanderung weiterhin in homöopathischen Dosen verabreicht worden wäre? Auf lange Sicht mit Sicherheit nicht. Somit ist diese schlagartige Masseneinwanderung als Chance zu sehen, da sich die einst schleichenden Verfallserscheinungen von selbst beschleunigen. Wir erleben alles das im Zeitraffer, was man uns langsam angedeihen lassen wollte. Diese Schocktherapie ist für viele Landsleute durchaus heilsam.

Den Antrieb für eine Verbesserung werden wir nicht generieren können, wenn wir uns mit dem eigenen Niedergang befassen. Wir werden uns jedoch selbst motivieren, wenn wir visualisieren, was wir wollen und was wir zum Überleben brauchen: Gemeinschaft, Ehrlichkeit, Familie, Einsatz, Selbstbehauptung, Kampfbereitschaft und den Willen zur Zukunft. Das sind die positiven Impulse, die uns antreiben werden, diese wahrscheinlich schwerste Prüfung unseres Volkes und aller europäischer Brudervölker zu überstehen. Anstatt sich isoliert seinen Depressionen hinzugeben, schließt man sich einer Gemeinschaft an. Es gibt Parteien, Kameradschaften, Bürgerbewegungen und Freundeskreise. Wenn es keine Gruppe vor Ort gibt, gründe selbst eine. Sei Du selbst die Veränderung. Wenn Du in einem entdeutschten Ghetto lebst, zieh' in eine Gegend, wo Deutsche wohnen. Oder organisiere einen Umzug mehrerer Restdeutscher aus gekippten Wohngegenden in ein bestimmtes Gebiet in Mitteldeutschland. Gründe ein eigenes Dorf. Arbeitslose sind für solche Umsiedelungen perfekt geeignet und können wichtige Pioniere sein.

An dieser Stelle möchte ich meinen eigenen Standpunkt zum Thema Arbeitsplatzverlust darstellen, denn genau damit gehen starke Ängste einher, mit denen sich immer noch viele Menschen unter Druck setzen und zum Schweigen bringen lassen. Ich bin berufstätig und übe meinen Beruf gerne aus. Trotzdem habe ich heute die innere Einstellung gewonnen, daß ich mich nicht mit dem Verlust meines Arbeitsplatzes erpressen ließe. Würde man dies versuchen, käme als Reaktion nur eine gehörige Portion Trotz als Antwort. Meinen Projekten messe ich in der jetzigen Situation einen höheren Stellenwert bei als der Tatsache, ob ich einer geregelten Arbeit nachgehe oder nicht. Rein nüchtern betrachtet, ist es sogar unklug zu arbeiten und dieses Regime mit Steuergeldern zu füttern. Jeder von uns gezahlte Euro in Form von Steuern und Abgaben wird eins zu eins gegen unsere eigenen Lebensinteressen und für das Herlocken und das Wohlergehen fremder Siedler eingesetzt. Doch niemand kann aus seiner Haut, und das ist wohl das Deutsche in uns: der Wille zur Arbeit und der Wunsch, niemandem zur Last fallen zu wollen, auch wenn es in diesem Fall gesünder für uns wäre. Zumindest für die Zeit, solange wir unter solch einem antievolutiven Regime leben müssen. Deutsche Eltern mit drei, vier oder mehr Kindern, die vielleicht noch ein Haus abbezahlen müssen, hätten mit Hartz IV am Monatsende mehr Netto, als wenn der Mann Vollzeit und die Mutter zusätzlich stundenweise arbeiten gingen. Keine GEZ, keine lästige Lohnsteuer und ein kleines Haus, das vom Amt sogar eher bezahlt wird als eine überteuerte Großraumwohnung. Der positivste Nebeneffekt jedoch wäre der, daß sich die Eltern nicht durch den stressigen Alltag die Gesundheit ruinieren würden und mehr Zeit für ihre Kinder hätten. Wir sehen es bei den orientalischen Großfamilien, die sich jeden Monat ihre üppigen Sofortrenten überweisen lassen und damit ein sorgenfreies Leben führen und gleichzeitig ihre Parallelstrukturen stetig ausbauen. Nehmen wir diese Form des Daseins einfach als einen alternativen Lebensentwurf, wie es so schön heißt, und machen ihn uns zu eigen. Die freie Zeit können wir nutzen, unseren Kindern sinnvolle Dinge beizubringen, uns selbst mit Literatur zu bilden und unsere Körper im Kraftraum zu stählen. Alles ganz entspannt und ohne Angst. Laut Frau Katrin Göring-Eckardt von den Grünen brauchen wir schließlich Menschen, die in unserem Sozialsystem zu Hause sind und sich zu Hause fühlen. Davon, daß man dafür eine dunkle Hautfarbe als Eintrittskarte braucht, hat sie nichts gesagt. Unsere Jugend soll hingegen die nötigen Bildungswege durchlaufen, ihr geistiges Potential entfalten und Fähigkeiten erlernen, um in unserer Gemeinschaft und in einem kommenden souveränen Staat wichtige und zukunftsweisende Aufgaben zu übernehmen.

Am Ende eines Buches soll man seinen Lesern etwas Positives mit auf den Weg geben. Was kann es Positiveres geben als den Impuls, seine Ängste zu überwinden. Nicht alle, jedoch zumindest diejenigen, die uns unnötig belasten und ins Dunkel hinabziehen. Wir sind prädestiniert dafür, bei all den beunruhigenden Nachrichten und destruktiven Kräften um uns herum, schlechte Laune regelrecht zu kultivieren. Doch muß sich die Erkenntnis durchsetzen, daß nicht Frust, Angst und Resignation die Wende bringen werden, sondern Mut, Zuversicht und Tatkraft jene Strahlkraft besitzen, aus der das bessere, neue Deutschland und das bessere, neue Europa geboren werden. Realistisch betrachtet, zuerst wieder im Kleinen, möglicherweise in Form von Siedlungsprojekten. Oder vielleicht doch überraschenderweise durch eine große Wende? Für Menschen, die nicht in Legislaturperioden, sondern in Generationen denken, fühlen und handeln, gilt für die eine wie für die andere Weise ein anderer zeitlicher Maßstab. Erst recht mit dem Bewußtsein und dem Willen, unsterblich zu werden. Jeder auf seine Weise.

Zum Autor Frank Kraemer

Frank Kraemer wurde am 8. Juni 1977 in Köln geboren. Seit seinem 14. Lebensjahr ist Kraemer in verschiedenen nationalistischen Organisationen aktiv. Zwar nie Mitglied, jedoch Aktivist bei der Freiheitlichen Deutschen Arbeiterpartei (FAP), führte ihn sein Weg über die JN (Junge Nationaldemokraten, heute Junge Nationalisten) bis zur NPD (Nationaldemokratische Partei Deutschlands), die er im Dezember 2017 verließ, um als parteiunabhängiger Einzelaktivist zu agieren.

Sein musikalischer Werdegang begann 1995, als er gemeinsam mit Daniel Giese die Band *Stahlgewitter* gründete. Im Laufe der Zeit avancierte *Stahlgewitter* zu einer der erfolgreichsten deutschsprachigen Rechtsrock-Gruppen. Im Jahre 1998 gründete Kraemer als weiteres musikalisches Betätigungsfeld das Studioprojekt *Halgadom*. Stilistisch ist *Halgadom* im Pagan Metal bzw. Neofolk zu verorten. Damit vertont Kraemer seine heidnisch-philosophische Facette und veröffentlicht ab dem zweiten Album „Verdunkelung des Göttlichen" alle Tonträger über seinen Sonnenkreuz-Versand, der als eigenes Hauslabel und Versand dient. Seine Leidenschaft für Kraftsport spiegelt sich ebenfalls in der angebotenen Palette an Artikeln wider. Neben seinen eigenen Veröffentlichungen, diversen Büchern und Textilien befindet sich untypischerweise Sportlernahrung in seinem Programm, was dem Ganzen einen eher weltanschaulich-ganzheitlichen als subkulturellen Eindruck verleiht.

Seit Anfang 2016 tritt Kraemer gemeinsam mit Nana Domena, einem Einwanderer mit ghanaischen Wurzeln, medial in Form des Videoprojektes „Multikulti trifft Nationalismus" in Erscheinung. 2016 wandelte er seinen ursprünglichen Blog *Der dritte Blickwinkel* in einen Vlog, einen Videoblog, um. Darin bespricht er diverse Themen zu Politik und Weltanschauung. Gelegentlich tritt Kraemer als Redner in Erscheinung, so zum Beispiel 2017 beim Seminar für rechte Metapolitik oder 2018 bei dem Europakongreß der Jungen Nationalisten.

Frank Kraemer ist verheiratet und lebt mit seiner Familie in Nordrhein-Westfalen.

EUROPA TERRA NOSTRA E.V.

Wer wir sind

Europa Terra Nostra e.v. ist eine politische Stiftung auf europäischer Ebene. Sie wurde am 3. Juli 2015 in Berlin gegründet und steht der europäischen Partei „Alliance for Peace and Freedom" nahe. Diese ist ein Zusammenschluss von nationalistischen Parteien aus Mitgliedsstaaten der EU und wird von Mitgliedern des Europäischen Parlaments sowie weiteren Abgeordneten auf nationaler und regionaler Ebene unterstützt.

Was wir wollen

In unserer Satzung bekennen wir uns zu den Grundsätzen der Europäischen Union: Freiheit, Demokratie, Achtung der Menschenrechte, Grundfreiheiten und Rechtsstaatlichkeit.

Wir wollen durch politische Bildung einen Beitrag zur Weiterentwicklung Europas nach demokratisch-freiheitlichen und sozialen Grundsätzen leisten. Unsere Bildungsarbeit steht dabei auf dem Boden von nationalen und demokratischen Grundanschauungen und der abendländischen Kultur.

Kritik an der gegenwärtig bestehenden Europäischen Union mit ihren Demokratiedefiziten ist uns deshalb ein wichtiges Anliegen. Nationalismus und europäische Zusammenarbeit sind für uns kein Widerspruch. Im Gegenteil: Angesichts der vielfältigen Bedrohungen unseres Kontinents von innen und außen ist das gemeinsame Zusammenwirken in einem Europa der Vaterländer notwendiger als jemals zuvor. Unsere „Europapolitischen Leitlinien" finden Sie hier: www.etnostra.com

Was wir machen

Wir veranstalten in verschiedenen europäischen Ländern Seminare und Kongresse, geben Publikationen heraus und fördern Studien, die sich schwerpunktmäßig mit dem Thema Europa befassen. Durch unsere Seminare sollen die Teilnehmer Kompetenzen vermittelt bekommen, durch die sie sich selbständig an der öffentlichen Debatte um die Gestaltung der Zukunft Europas beteiligen können. Wir wollen politisch interessierte Menschen bilden, die das Gemeinwesen aktiv mitgestalten. Unsere Angebote richten sich an ehrenamtlich Tätige, Neugierige, Nachwuchskräfte in politischen Organisationen, Politiker und Mitarbeiter von Institutionen und Verbänden.

Bei unseren Kongressen steht der Austausch verschiedener nationaler Sichtweisen auf Europa im Mittelpunkt. Wir wollen Menschen aus verschiedenen europäischen Ländern zusammenführen und so einen Beitrag zum Zusammenhalt der Europäer leisten, um gewalttätige Konflikte zwischen den Staaten künftig zu verhindern.

Mit unseren Publikationen leisten wir einen Beitrag zur Information der europäischen Öffentlichkeit über die politischen Prozesse in der Europäischen Union. Wir wollen damit zur Diskussion über die weitere politische Gestaltung unseres Kontinents anregen und auf Fehlentwicklungen aufmerksam machen.

Lightning Source UK Ltd.
Milton Keynes UK
UKHW020646030621
384863UK00012B/1427